MIL PROVERBIOS
DE ORO

MIL PROVERBIOS DE ORO

DR. JOSÉ LUIS GONZÁLEZ MARTÍNEZ

Para realizar pedidos de este libro, contacte con:
Palibrio
1663 Liberty Drive
Suite 200
Bloomington, IN 47403
Gratis desde EE. UU. al 877.407.5847
Gratis desde México al 01.800.288.2243
Gratis desde España al 900.866.949
Desde otro país al +1.812.671.9757
Fax: 01.812.355.1576
ventas@palibrio.com
700376

ÍNDICE

INTRODUCCION

Mil días fueron necesarios para escribir este libro,
un proverbio diario, nacido desde el corazón de Dios
por medio de la experiencia de la vida; cada uno de ellos,
para un momento especial, adecuado y oportuno.

Es la escencia misma que al ver una lágrima, le da aliento,
al que desmaya le provee ánimo y al que se desvanece,
le brinda un mensaje de esperanza.

Despues de miles de sermones predicados, muchos casos
atendidos en la consejería y horas intensas de estudio, avaladas
por una licenciatura, una maestría y un doctorado, usted tiene
en sus manos, no solamente un libro, sino una obra de arte
con sabor a cielo.

MIL PROVERBIOS DE ORO, agrupados en diez capítulos
son un descanso para el alma, numerados para facilitar la
continuidad de su lectura.
Su estilo literario es una mezcla de meditación, reflexión,
consejo y poesía, dejando en el lector una gran bendición
con el idioma celestial.

CAPITULO I

Sabiduria en oro

1.1   Si deseas cambiar a los demás,
cambia tú, primero.

1.2   Si alguien desea manchar tu nombre,
y eres inocente,
la mancha será lavada,
y caerá sobre él.

1.3   Hay amigos que te dicen que son tus amigos,
para que lo sepas.
Cuando llega la necesidad y los buscas,
entonces ellos ya no saben que son tus amigos,
cuando buscas al verdadero amigo, aunque no tenga
lo que necesitas,
va y lo busca a donde sea,
esa es la diferencia.

1.4   ¿Te dolió?
entonces fue bueno
¿no te dolió?
entonces fue malo.
Los que están en la cruz no lloran,
lloran los que están debajo de la cruz.

1.5   Que tus circunstancias sean
cambiadas por Dios,
no por las circunstancias
de otras personas.

1.6   Que la juventud de tu alma sea el estandarte
hacia lo bello y lo hermoso.
El tiempo pasara, pero tú, quedaras brillando,
por tus pasos firmes.

1.7   Una maravillosa puesta de sol,
podrá hacer un lindo atardecer,
pero un corazón que acaricie el alma,
lo hará florecer.

1.8 Si tu corazón esta dulce,
aunque sea bañado de amargura,
seguirá siendo agradable.

1.9 Si Dios está contigo,
aunque brame el mar
y explote la tierra,
tú permanecerás
aunque todo se desintegre.

1.10 Antes que el sol llegue a las flores,
a ti llegara la bendición y el amor de
Dios.

1.11 Cuando se marchitan las fuerzas
y aun la esperanza se retira.
Dios vendrá a ti, con su poder,
y te dará el vigor que te inspira.

1.12 Dile a la lluvia que refresque tus hojas
y te dará su agua,
cuéntale a Dios tus necesidades
y te suplirá con abundancia.

1.13 En el mismo lugar que plantaste,
crecerá en forma abundante
y de la semilla del amor,
tu corazón estará rebosante.

1.14 En el remanso de quietud de Dios,
esta la sombra de paz.

1.15 La roca sobre la cual confías,
te dará agua
noche y día.

1.16   Cristo te hizo
te dio forma
y te sostiene.
Si por ser amable
y cariñoso te odian
no sufras más,
los que hablan mal te ti
pierden su tiempo,
Cristo habla bien de ti
y El no pierde su tiempo.

1.17   Este día, observa el cielo
y te darás cuenta
que las nubes
hacen un círculo
para mirarte,
como un recordatorio
que Dios cuida de ti.

1.18   Es cuestión
de ser recíprocos.
si la brisa llega suave sobre
las flores
es porque son delicadas,
si las olas
llegan tenues
a la playa
es porque las arenas
necesitan ser refrescadas.
Si una flor llega
a tu presencia
es porque lleva
detalles.
y si un pensamiento
te recuerda
la fragancia
es porque
forma parte de ti.

1.19 Dios es el mejor intérprete de su obra
en ti,
y un día te explicara lo que hizo.

1.20 Las más lindas flores,
antes estuvieron solas,
por esa razón,
son hermosas....
porque de sus momentos quietos
nos llenan de su abundancia.

1.21 Para la vida, Dios hizo la tierra, el agua
y el aire,
pero para su obra celestial
te hizo a ti,
Dios cuenta contigo.

1.22 Es una renovación profunda
la que Dios hace en tu vida,
porque te está preparando
para entregarte
el más grande galardón
que siempre deseaste.

1.23 Me he dado cuenta
que entre más me acerco a Dios,
siempre me dará lo que necesito,
y que aquellas cosas que parecían
imposibles,
se hacen realidad
sin mis esfuerzos.
Una a una van llegando
y una paz increíble
inunda mi alma.

1.24   La información terrenal
dice que no podrás,
pero la celestial dice
que tendrás éxito rotundo
en todo,
Cristo te apoya.

1.25   Todos pensaban
que el Mesías había fracasado,
pero sorpresa se llevarían
al verlo resucitado!

1.26   Es mejor decir:
Cristo me ayudara
que disiparse en la desesperanza,
tus palabras harán que el corazón
de Dios
se conduela por ti.

1.27   La obra de Dios es perfecta
y cualquier cosa que sientas débil en tu vida
El la perfeccionara,
de tal forma que sentirás
que eres alguien valioso para El.

1.28   Es tu alma,
la voz del corazón la que te llama
y de rodillas ante Cristo,
puede percibir
que El también te ama
y de su grandeza
te dará con abundancia

1.29   La mejor forma de ganar
ante un conflicto,
es guardar silencio
y sacar una mansedumbre
enmedio de tu enojo.
Cristo lo hizo
y tú también podrás.

1.30 Bajo la tierra,
la semilla no ve la gran cosecha
que se producirá con ella.
Así estas tú en este momento,
pero viene tu tiempo más glorioso
en tu vida.

1.31 Cada día de tu vida
es un escalón
en la escalera de tu bendición.
Aunque no sientas nada,
vas en ascenso.
Tu premio está por llegar.
Prosigue seguro,
animo!

1.32 Se te asigna el derecho
desde el trono de Dios
para que pidas lo que quieras.
Ahora reposa tu corazón
en Dios.
Tu petición
ha sido aprobada.

1.33 No hay nada que sea imposible para Dios.
Eso también se aplica
a la dificultad
que tú estás viviendo.
Entonces, relájate
y disfruta de este día...
...plenamente.

1.34 Tú eres obra del arquitecto universal,
tu vida es un don hermoso.
Tú eres una persona
de linaje escogido.
Dios cuida siempre de ti.

1.35 El alimento más sabroso
es cuando tienes mucha hambre,
El amor de Dios
es más visible,
cuando ya no te queda nada.
Dios sabe tus luchas
y recompensara tu fe.

1.36 Tenía razón Cristo
cuando dijo
que a cada día
había que dejarle
su propio afán.
Tú, comienza el día tranquilo,
avanza confiado
y veras la gloria de Dios

1.37 En la carrera de la vida,
a veces sientes
que vas tarde
o que no llegaras a la meta.
Cristo va contigo,
es tu entrenador
y con el llegaras a tiempo
en todo.

1.38 Dios te ama tanto,
que cuando tú comienzas a pedirle,
ya El, está tocando a tu puerta
para que recibas
todo lo que te hace falta.

1.39 Si tú sabes
ver la mano de Dios
en los pequeños detalles,
El no tardara
en que tus ojos lo vean
en los milagros
de alto nivel.

1.40 En las casas de los justos
hay provisión
para hoy y para mañana,
los impíos se afanan
y viven desesperados,
más tú,
en Dios estas confiado.

1.41 Dios es tu respaldo
y el general de tu ejército.
No te intimides ante los gritos
del enemigo.
Mantén la calma,
todo está bajo el control
del todopoderoso.

1.42 El Reino de los cielos
es más grande
y más poderoso
que los reinos del mundo,
Cristo es el Rey
y toma decisiones a tu favor,
se harán visibles
y serás testigo.

1.43 Levántate aunque te sientas cansado,
camina, aun con debilidad.
Dios obra sobre una fe que confía
y premiara tus intentos humanos.

1.44 Por más que los amaneceres
sean distintos,
Dios no cambia su indescriptible
gran amor por ti,
por más complicada
que este tu vida,
más grande será tu milagro.

1.45   Grande, fuerte y soberano
       es nuestro Dios,
       además de eso,
       es tu amigo,
       cuenta con El,
       porque te ama.

1.46   Cuando viene la lluvia,
       refresca a las plantas
       y a la tierra.
       Cuando llega tu bendición
       te trae vida y riqueza.

1.47   El Reino de Dios
       tiene más beneficios para ti
       que todos los reinos del mundo,
       esto incluye
       todos los gastos pagados
       en el viaje de la vida.

1.48   No pienses que detrás de un problema
       vendrá otro,
       porque lo que viene
       es una nueva oportunidad
       para que veas la mano de Dios
       que pronto vendrá en tu ayuda.

1.49   Existe una ofrenda especial para Dios,
       y es la que le das
       cuando estas sin posibilidades,
       cansado y sin tiempo.
       Dios la recibe con agrado
       y te honrara.

1.50   La inmensidad está en las manos de Dios,
       pero hay cosas
       que para ti son inmensas
       e imposibles.
       No te abatas,
       también están en las manos de Dios

1.51 Los hombres cada día
están haciendo edificaciones
y mejoras.
Dios también lo hace en tu vida,
gózate, porque veras la obra en ti,
terminada.

1.52 Tú no te has equivocado en la vida.
Ya veras, como todo aquello
que considerabas un enredo,
Dios lo convertirá
en un mantel precioso
y tu vida tendrá
días de gozo.

1.53 En todo momento
esta Dios contigo,
jamás se alejara de ti,
formas parte de su familia
y de su equipo de trabajo.
Además de eso,
Él te ama mucho.

1.54 También tu cuerpo
necesita un reposo.
No pienses que estás obligado
a llevar cargas de otros
por un momento indefinido.
Cristo dijo:
Yo te hare descansar.

1.55 Tu perseverancia
es el estandarte
que te hace brillar ante Dios,
Él te mostrara
que como tu Padre y Señor
siempre ha sido constante.

1.56 Cuando los rayos del sol
tocan la vegetación,
esta se fortalece
y se llena de vida,
cuando Cristo toca tu alma,
esta se aviva
y se llena de esperanzas.

1.57 Dios inspira a las flores
para que en el amanecer
luzcan preciosas,
El también,
a ti te motivara
con bendiciones
portentosas.

1.58 Todos los componentes
del universo giran bajo las leyes
establecidas por Dios.
Él ordena
lo que gira a tu alrededor,
confía en El,
todo está en sus manos.

1.59 Las ideas y proyectos de Dios,
nadie los ha podido frustrar,
tu estas en la mente
y corazón de Dios,
por lo cual, nada
ni nadie te podrá
eliminar.

1.60 Que tú esperanza
sea el camino
por donde Dios
venga a tu vida.
Te pondrá en un lugar
especial y el dolor
ni aun en tu recuerdo
quedará.

1.61   De los arboles
nacen las frutas
y de ellas se extrae el jugo,
del corazón de Dios
nace el amor,
y de Él,
las más grandes bendiciones
para tu vida.

1.62   Ten la seguridad
que cualquier cosa,
por más difícil que sea,
si la has puesto en las manos de Dios,
El la resolverá de la forma
más favorable para ti.

1.63   Existen cosas
que no podemos evitar,
como el paso del tiempo
y sus estragos;
pero tampoco podemos evitar
el amor de Dios
y su misericordia infinita.

1.64   La voz de Dios
es fuerte y poderosa,
pero al dirigirse a ti,
lo hace de forma
dulce y cariñosa.

1.65   Siempre que Dios interviene
en cosas que aparentemente
son comunes, suceden cosas
maravillosamente
extraordinarias.

1.66 Cuando el enemigo
prepara un plan
para hacerte daño,
Dios envía a su ejército
de ángeles
y lo aplasta
como a un insecto

1.67 Tener fe
es saber
que aunque todo falle,
todo está bien,
es elevarte
sobre las circunstancias
y aunque te sientas un gusano,
sepas que eres
un trillo poderoso,
para molerlas
y aplastarlas
en el nombre de Dios

1.68 Existe un lenguaje sin palabras,
como el del cuerpo
cuando está cansado
y como el de Dios
cuando te dice a diario,
que contigo está a tu lado.

1.69 Es increíble
la forma
en la cual
somos iluminados por el sol,
pero más sorprendente
es el hecho
de que somos
iluminados por Dios,
quien nos da su protección.

1.70 Salomón utilizo
las habilidades
de los Fenicios
en la construcción del templo,
y Dios te utilizo a ti
para mostrar su gloria.

1.71 Luego de una lluvia intensa,
la tierra absorbe el agua
para dar vida a la vegetación
y enriquecer los mantos acuíferos.
Luego de una lluvia de problemas,
Cristo los absorbe
para darte vida a ti.

1.72 Cristo dijo
que su Reino no era de este mundo.
No te desesperes al ver
tanta injusticia,
Cristo gobierna el universo
y no permitirá
que nada te venza.

1.73 El día gris
también lo hizo Dios
y aun los arboles
tienen diversos colores.
Las dificultades
las puso Dios
y El mismo
te dará las soluciones.

1.74 Existen hojas secas y el viento
se las lleva para que venga algo
mejor que no se seca.
Con el tiempo se dirá:
vale la pena esperar.

1.75   Cualquier intento
        que no dé en el blanco,
        no es el acabose.
        Persiste y veras como,
        finalmente lograras el objetivo
        con la ayuda de Dios

1.76   Un día más en tu vida
        no es un día que se pierde.
        Es un día que se gana,
        porque es un acercamiento
        para la eternidad con Cristo,
        en donde el dolor
        no existe.

1.77   Cada día
        tiene la porción de tiempo correcta,
        y cada día tiene para ti,
        una bendición grandiosa
        que Dios te ha asignado.

1.78   Es la gran oportunidad del cielo
        la que Dios te quiere dar,
        te ama
        y desea verte
        ampliamente feliz!

1.79   ...y dijo Dios:
        Hoy dedicare el día entero
        para pensar en alguien
        a quien amo mucho...
        y pensó en ti.

1.80   Las más grandes victorias,
        las ha dado Dios
        en los momentos
        de tu debilidad.
        El jamás abandona a sus soldados,
        va junto a ellos
        hasta la victoria total.

1.81   Dios creo en la tierra
        todas las condiciones
        para la vida,
        y también creo
        todas las condiciones
        para tu vida.
        No hay imposible para Dios.

1.82   La oscuridad existe
        solamente
        cuando la luz se ausenta.
        Conserva la calma
        porque Cristo
        es más grande
        que cualquier dificultad,
        y es la luz eterna.

1.83   Tengo un motivo para vivir,
        una razón para escribir
        y una meta que cumplir.
        Cristo es mi motivo,
        mi razón
        y mi meta
        El cuida de mí
        en forma completa.

1.84   Dios envió a setenta,
        de dos en dos
        y no les falto nada.
        A ti, te envió solo
        y nada te faltara,
        veras una maravilla
        día con día,
        porque eres de alto valor
        para Cristo.

1.85 Los seres humanos
      establecen su valor
      por lo que poseen.
      Dios establece el tuyo
      por lo que hay
      en tu corazón.

1.86 Mi salvación es Dios,
      y en El confio.
      Mi salvación es Dios
      y en El,
      estoy fortalecido.

1.87 La más solemne oración
      no es la que tiene las más bellas palabras,
      sino la que sabe decir:
      "Dios mío, no puedo más, ayúdame"

1.88 Dios no está esperando
      a que tú estés listo
      para darte la oportunidad.
      El solamente espera
      el mejor tiempo de tu vida,
      y con seguridad
      la tendrás en tus manos.

1.89 Hoy van a cambiar las cosas,
      tendrás el viento a tu favor
      y de parte de Dios,
      una bendición mayor
      porque su gran amor por ti,
      lo veras a tu alrededor.

1.90 Cuando pasa la lluvia
      queda un olor fragante,
      cuando se van los días tenebrosos
      queda la gratitud a Dios.

1.91   Para formar parte del ejército
       de ángeles de Dios,
       cada uno de ellos es importante.
       Para conformar la multitud
       de redimidos de Cristo,
       tú eres una pieza clave.

1.92   Cuando el camino está más limpio
       siempre aparece una piedra.
       No permitas que te quite la paz,
       hazla a un lado,
       prosigue tenaz
       porque a lugar seguro
       llegaras.

1.93   Como plaga de moscas
       los problemas llegan
       para atacar,
       pero con las grandes soluciones
       de Dios,
       moscas y problemas
       se han de eliminar.

1.94   El problema no consiste
       en que veas una tormenta
       de dificultades.
       El problema esta
       si tu fe falla,
       eso no lo vamos a permitir,
       vamos!
       eres una joya de Dios.

1.95   No vale la pena desesperarse,
       cálmate y veras
       que al igual que el sol al nuevo día,
       llegará tu provisión
       con alegría.

1.96   Detrás de cada pedazo de hierba seca,
siempre habrá
un poco de humedad
para darle vida.

1.97   Cuando la tormenta amenaza
con su furia,
es porque pronto pasara.
Así también será
cuando te amenacen
las dificultades,
porque ya están por retirarse.

1.98   Como la distancia
que hay entre el amanecer
y el nuevo día,
así sea lo mismo
entre Dios
y la fe
del alma mía.

1.99   Si en tu lucha
por salir a flote,
lo único que se te hace visible
es la playa del infierno,
aguanta un poco,
porque estas a punto
de entrar
al paraíso.

1.100   No se han debilitado
los huesos
del que lleva el consuelo de Dios.
Y no se ha debilitado Dios
para bendecir
a los que reciben su mensaje.

CAPITULO II

Un cofre con proverbios de oro

2.1   Cuando las frutas están maduras,
las ramas de los arboles
se doblan generosamente.
Anda!
dóblate tú también
ante los demás,
y Dios te honrara.

2.2   Las nubes cuando están vacías
van elevadas,
pero cuando están llenas de agua
van muy bajo,
son generosas,
así como Dios
y como tú.

2.3   Las pocas sombras
no opacan al sol
y tus momentos nebulosos
no apagan el amor de Dios por ti,
porque vales mucho para El.

2.4   La mejor forma de abrir la puerta
para que recibas,
es cuando la empujas
cuando tú das.
Dios tiene maravillas
para ti.

2.5   Ahora vives un momento
de la eternidad
en tu cuerpo humano.
Dios te ayudara,
a que se te quiten las enfermedades
y a enviarte
lo que necesitas.

2.6 Cuando vengas ante Dios
hónrale y agradécele
por el bien que has recibido.
No pierdas el tiempo
hablándole del pasado
porque tu
ya estas perdonado.

2.7 Para Dios nunca es tarde
para empezar un ciclo nuevo
de grandezas para ti,
Porque Él es la fuente
de todo poder
y te ama.

2.8 Esta noche
Dios estará trabajando
para proveerte en el nuevo día,
abundancia,
con todo tipo de bendiciones.

2.9 Los bebes
no tienen dientes ni pelo
y están felices.
Tú tienes muchas razones
para gozarte,
una de ellas
es que eres
alguien escogido por Dios
y te ama mucho.

2.10 Dios te está llevando hacia etapas
que no son de este mundo.
El objetivo,
es que tú puedas disfrutar
de la gran abundancia
que Él tiene
en el universo.

2.11   Cuando vives agradecido con Dios,
por todo lo que te ha dado
en el presente,
Él te dará
lo que posteriormente necesites
sin que tengas
que pedírselo.

2.12   Dios honra a los que le honran,
hazlo y veras
como te impulsas por la vida,
como una nave con el viento a su favor
aun cuando haya vientos contrarios.

2.13   Si deseas sentirte bien,
no dejes que te afecte
nada que venga de afuera,
no importa que la tierra explote.
Eleva tu espíritu a Cristo
y todo estará bien.

2.14   El universo
está en un crecimiento constante.
Tú también creces.
Dios está haciendo
planes importantes
para ti.

2.15   El poder de la fe
de una sola persona
influye
sobre una nación entera.
No desmayes
Cristo te apoyara
y galardonará siempre.

2.16 La fuerza más poderosa
del universo,
es el amor.
Habita en ti,
y con el puedes derribar barreras
y edificar cosas nuevas.
Dios te lo ha dado.

2.17 Decide sentirte bien,
aun sobre cualquier inconveniente,
de esa forma
Dios encontrara tu vaso listo
para recibir la bendición.

2.18 De la misma forma
que el día se aclara
después de la madrugada,
así vendrá para ti,
la esperanza y tu rescate
que tu alma aguarda.

2.19 No es grande
el que de sus proezas hace alarde.
Grande es aquel
que sabiendo
que el bien lo hace perfecto,
guarda silencio
y sonríe ante Dios.

2.20 Te honramos amado Dios.
porque nos has enseñado a seguir
un camino distinto
a la humanidad,
en el encontramos
tu amor
y tu comprensión.

2.21   Todo tiene su tiempo,
tus bendiciones también,
no estás solo
y te llegaran
en el mejor momento.

2.22   En la vida natural
cada persona obtiene
el fruto de su trabajo,
y nunca está satisfecho.
En la vida espiritual
cuentas con Dios
y su ayuda ya es un hecho.

2.23   Cada día de tu vida
se encamina
a diversas citas
que Dios ha fijado para ti,
en cada una de ellas
recibirás bendiciones.
No te desesperes,
todo está bajo control.

2.24   Los cambios los hace Dios
El universo entero
es testigo de ello,
cálmate,
serénate,
apaciéntate,
y consiéntete,
Cristo te ama.

2.25   Brilla el sol
por la energía
que le da Dios.
También brilla tu vida
por el amor
que te da Cristo.

2.26   Que lindo es ver pasar el tiempo
y al mirar a los lados,
en lugar de ver helechos,
miras las palabras
que han glorificado a Dios.

2.27   Jamás le falta a cada día su noche,
y nunca le faltara a tu vida
la solución que Dios,
fielmente te dará
ante cada situación.
difícil e imposible.

2.28   Cualquier pérdida
que hayas tenido en este mundo,
es nada,
comparado a lo que Cristo
tiene para ti.
Él es tu Padre
y conoce tus necesidades.

2.29   Con Dios,
lo difícil se vuelve fácil
y lo imposible
se hace posible;
los obstáculos
se convierten en caminos
y lo amargo
se hace dulce.

2.30   Hoy acepto mi realidad
tal como Dios la creo,
me siento feliz y sin quejas,
Dios no se pudo
haber equivocado conmigo
y le doy las gracias
por haberme elegido.

2.31   Cuando tu
le has entregado a Dios
lo tuyo,
prepárate
porque Dios
te entregara lo suyo.

2.32   Por las ventanas de la vida
entran los rayos del sol
de las bendiciones de Dios,
ellas son para ti,
lo que las alas
son para las aves.

2.33   La gran oportunidad de tu vida,
no es ninguna
de las que pensaste
que habías perdido,
sino la que está por llegar.

2.34   Cuando los días amanecen
grises,
hay un rocío que brota.
Cuando las penas te
atormenten,
un manantial de la gracia de Dios
te cubrirá milagrosamente.

2.35   Podrá mudarse
el universo a otra dimensión,
pero el gran amor de Dios por ti,
jamás se mudara,
porque es estable
para siempre.

2.36 Mientras las nubes vuelan,
el cielo permanece quieto,
cumpliendo cada uno su función,
tú, cumple la tuya,
sal de la tristeza
y alegra tu corazón.

2.37 No compares tu grandeza
con los seres humanos,
compáralas
con las estrellas del cielo,
porque Cristo
te hizo grande

2.38 Cuando Dios
te ilumino con la esperanza,
nadie opacarla podrá,
y hasta el cumplimiento final,
Dios te conducirá.

2.39 Tu vida con Cristo
es novedosa
y en cada momento difícil
te da una solución.
Cristo
es sencillamente grandioso!
reposa en El,
su sombra es tu refugio.

2.40 Por más turbulentas
que estén las aguas,
siempre bajara su nivel,
llegaras a la orilla
en donde Dios te espera
con la brisa refrescante
y manjar rebosante.

2.41   Lo que Dios estableció para ti,
es tan fiel como su palabra,
no lo posterga ni lo cancela.
Dios cumplirá todo lo prometido
y tú, te gozaras como nunca.

2.42   Cuando va a caer la lluvia,
un rayo desgarra a la nube.
Si tú pasas por quebrantos,
un rayo de bendición
te levantara con milagros.

2.43   Vive tu vida con lo tuyo,
no mires
ni pierdas el tiempo
analizando a los demás,
Dios te hizo único y especial.

2.44   Refrescase la tierra
con el rocío de la lluvia,
Refrescase tu alma
con el gozo de Dios,
eleva tus pensamientos
hasta el amor de Cristo
y serás refrescado.

2.45   Dios gobierna todo el universo
y ha decretado grandes favores
para ti.
Dios está complacido de tu fe
y muy pronto,
el bien designado para tu ser
a tus manos llegara.

2.46 La respuesta de Dios
para ayudarte
siempre será la mejor,
cada movimiento
está siendo controlado por El.
Aguarda confiado,
todo tendrá
un gran resultado.

2.47 Cuando recibes una visita amena,
deja un sabor agradable a tu vida,
pero cuando recibes la presencia
de Dios,
El deja llena tu vida.

2.48 El esfuerzo más grande
de mi vida
es mantener
la fe firme en Cristo.
Todo lo demás es fácil,
las enfermedades se retiran
y nunca faltara el pan celestial.

2.49 La fe especial
es la que aun estando enterrado dice:
"viviré, por lo cual toda cosa adversa
en la vida me dará la oportunidad
de ver los milagros
de Dios para mi"

2.50 En el calendario de Dios
hay días muy especiales para ti,
con bendiciones de liberación,
paz y prosperidad.
No te desesperes.

2.51   El amor de Dios
y su infinita sabiduría
están obrando a favor de ti.
Deja que pase la vida a su ritmo,
-tranquilízate-
todo estará bien siempre,
lo malo pasara.

2.52   Si has vivido al mínimo
y como arrastrándote,
ahora cambiaran las cosas,
vivirás al máximo
y volaras en las alturas
de las águilas.

2.53   Es un viento de alegría,
es una sensación de amor,
pero es porque Cristo a tu vida,
la llena de mucho esplendor.

2.54   La provisión más grande de tu vida,
fue la que sembraste
con lágrimas
y entrega total.
Tu tiempo de cosecha
trae de parte de Dios,
también una entrega total.

2.55   El mundo habla de una nueva era,
más nosotros,
esperamos la eternidad con Cristo.
No te desesperes,
todo llegara a su momento
y tú estás incluido.

2.56 Finalmente...no hagas balance
de tu vida,
si ganaste o perdiste.
Simplemente, eres un ganador,
Cristo dice
que te has ganado
la medalla de oro.

2.57 Tus momentos solitarios
son los de más valor para tu alma,
porque ellos
te llevan hasta Dios.

2.58 A muchos seres de gran fe
Dios los hace pasar
por grandes periodos
de limitaciones extremas,
porque son los abanderados
que muestran
la fe más extrema.

2.59 Dios necesita pacificadores
que con su presencia y palabras,
puedan disolver la ira
de cualquier persona,
y demoler toda amargura
que contra ti sea levantada.

2.60 La más grande alegría
para un padre,
es saber que sus hijos están bien.
¿sabes una cosa?
Tu Padre es Dios,
y creo que eso te dice mucho.

2.61 Eres el instrumento de Dios
en un caso difícil,
sensible ante lo imposible
pero con una fe imbatible.

2.62 Cuando pidas
a Dios comida
prepara el plato,
porque con toda seguridad
recibirás
una respuesta favorable.

2.63 Hay una razón para cada parte
de la creación
y también hay un corazón
que piensa en ti,
el de Dios,
y cada día sin fallar
su provisión te envía.

2.64 Un milagro anula por completo el pasado
y abre la puerta del futuro
que Dios tiene para ti.
Disfrútala desde ya
porque Dios
te tiene una estimación
especial.

2.65 Cuando el milagro sucede,
aumenta el amor
tanto del que lo otorgo
como del que lo recibió,
prepárate
para que se aumente tu amor.

2.66 Los milagros
no se dan en la eternidad,
únicamente se necesitan
acá en la tierra.
Dios desea alegrarte,
recíbelos
son para ti.

2.67 En el cielo
no se producen cambios,
los cambios se pueden dar en la tierra,
pídele a Dios
un cambio bueno
y te lo concederá
maravillosamente.

2.68 Toma la decisión para estar en paz,
saludable y próspero.
Dios te está apoyando hoy

2.69 Las tormentas se van,
los vientos contrarios se disipan,
pero el amor de Dios se queda,
y su misericordia
siempre vendrá a tu lado.

2.70 Hacer un trato
es establecer límites.
Haz un trato con Dios
y te dará bendiciones
sin fronteras.

2.71 La verdad es luz,
y como tú sabes la verdad,
entonces,
las cosas de la oscuridad
se disipan en tu caminar.

2.72 La vida es más
de lo que podemos ver y tocar,
la gracia de Dios
y su amor,
ya son
y siempre trabajan para ti.

2.73   Los milagros de Dios
no son escasos ni limitados,
son inmensos y abundantes.
Dios tiene muchos para tu vida.

2.74   Clamabas por un milagro
y Dios te abrió la puerta
de la eternidad,
para que disfrutes de la salud
y de la abundancia
en todos los aspectos.

2.75   No hay razón para que sufras,
la única necesidad es que te sanes.
Un milagro está cruzando el universo
y viene hacia ti,
recíbelo,
porque él es idioma
del amor de Dios.

2.76   El dolor y el placer
no tienen realidad ni objetivo,
la vida en el espíritu
los alejara
y quedaras con la paz de Dios,
la cual es real
y tiene un fin provechoso.

2.77   No le asignes ningún valor
al dolor,
ni le dediques tiempo
al lamento,
mucho menos
pensar
en los que te hicieron daño,
porque eso obstaculiza
el milagro.

2.78 No hay milagros restringidos
o que no se puedan conceder,
porque todos están disponibles.
Decide recibirlos
y concédete ser sanado por Dios.

2.79 Dios, cada día
emprende una jornada para ti.
Observa como tu dedicación a Él,
por medio de la fe,
se hace visible ante tus ojos.

2.80 Cuando el sistema mundano
te quite algo o te amenace,
párate firme y seca tus lágrimas,
porque es el momento para recibir
algo mejor del sistema celestial.

2.81 Tenías algo muy seguro en tus manos
y Dios permitió que se abriesen
para que se fuera,
pero eso fue
para que al abrir tus manos,
recibieras algo mayor.

2.82 Cuando el enemigo canta victoria
luego se da cuenta
que el mismo mordió su anzuelo,
cuando tú, confías en Dios,
de júbilo te hará victorioso.

2.83 Tú eres más valioso
que la luna más cercana
y que la estrella más lejana,
tienes una plusvalía
que se incrementa día a día.
Sencillamente eres un privilegiado
por Dios.

2.84　Entre la tierra y el cielo
existen meteoritos,
asteroides y cometas,
pero entre el cielo y tú
solamente existe
el gran amor de Dios
para ti.

2.85　Cada vez que ayudas a alguien
te queda la sensación
de que algo hizo falta,
no te preocupes más
Dios lo terminara
y a ti te honrara.

2.86　Existe una imagen
y una misión que Dios te ha dado,
que no depende de bases terrenales,
no dejes que las enfermedades
y preocupaciones
opaquen tu cometido.

2.87　Tu fe en Dios
hará que su palabra
resuelva todos tus problemas
de forma perfecta,
no algunos,
sino todos.

2.88　Cuando pienso en Cristo,
el mundo se vuelve pequeño,
su abundancia
me hace un niño feliz
y sonrío ante la vida.
Cristo es mi amigo especial.

2.89 Ya viene la lluvia
la lluvia de gracia,
se ven las nubes
cargadas a montón,
prepara las vasijas
para que las llenes sin temor.
Cristo es tu proveedor.

2.90 Ni el sol,
que no tiene astros a los lados
esta solo,
y tú, con más razón,
tienes a Cristo
y a su ejército junto a ti.
No olvides
que eres su hijo amado.

2.91 Ciertamente vives en la tierra,
pero eso no significa
que eres un terrícola,
tú vienes de la eternidad
y mientras vivas acá,
todo lo que necesitas
Dios te lo dará.

2.92 No te preocupes,
ya Dios tomo nota
de tu petición
y pronto, tus ojos
verán el gran resultado
a tu favor.

2.93 No le asignes
ningún valor a las enfermedades,
dolor, estreches o ataques del enemigo,
asígnale valor
a tu fe en Dios
y veras
como fluyen las maravillas.

2.94 Diariamente,
      Dios está limpiando tu camino
      para que avances por la vida.
      No te detengas a contemplar
      los obstáculos,
      avanza confiado,
      Dios está a tu lado.

2.95 Cuando la serpiente
      te quiere atacar,
      los buitres sonríen,
      no les temas,
      finalmente los mismos buitres
      mataran a la serpiente,
      y tú, serás victorioso.
      Dios te ama

2.96 Tranquilo, respira profundo,
      deja que tu sangre
      se llene de oxigeno
      y prosigas en forma para la vida.
      Tranquilo,
      todo estará bien.
      Dios es tu amigo.

2.97 Dios te conoce
      y comprende tus sentimientos,
      dolores y deseos.
      Él sabe que lo necesitas,
      y su amor para ti,
      es tan grande
      que en todo te ayudara.

2.98 Las cosas sencillas
resuélvelas tú,
las difíciles, complicadas
e imposibles
déjalas a Dios.
Él puede resolverlas
y lo hará con maestría
y perfección.

2.99 Tú tienes el poder de decisión
para aceptar o rechazar
las ofensas y enfermedades,
Dios te asigno tal potestad.
Recházalas y vive
con mansedumbre y salud.

2.100 El descanso más sabroso
es el que disfrutas
cuando estas más agotado,
pero el reposo más sublime
es el que te da Cristo,
cuando quita tus cargas
y angustias.

CAPITULO III

Una mina de oro con proverbios

3.1   El Reino de los cielos
cuenta con el ejército
más poderoso del universo
y con personas especiales.
Tu eres una de ellas,
regocíjate y se eternamente feliz.

3.2   Un poco de debilidad
es suficiente para derrumbarte,
pero un poco de fe
es más que suficiente
para levantarte.
La debilidad
es la base de tu fortaleza.

3.3   Cuando los arboles
mudan la cascara,
es porque se le cumplió
su tiempo de cambio.
Así también, Dios te mudara
muchas cosas,
para dar paso a las nuevas.

3.4   Por la fidelidad del corazón
tu cuerpo esta con vida,
pero por la fidelidad de Cristo,
cada día,
aun con grandes problemas
te levantas con poder.

3.5   Por cada situación adversa
en el mundo terrenal,
siempre habrá una gran solución
desde el Reino celestial.
Esto se debe a que estas
en el corazón de Dios.

3.6 Avanza seguro
aunque te sientas
como un auto viejo,
Porque Dios
siempre limpiara tu camino
y lo que te llenaba de temores
será quitado.

3.7 Deja de pensar que estas
como aguas estancadas de un pantano.
La creación de Dios tardo siete días,
tu tiempo de plenitud
y abundancia está llegando.

3.8 El amor más profundo
es aquel que das a las personas
que no lo merecen.
y que, aun sin poder,
te esfuerzas para ayudarlas.
Si lo haces,
seras bienaventurado.

3.9 En momentos así,
cuando pierdes la razón por la vida,
debido a tanta presión,
es cuando de forma especial,
Dios te dará mas
de su amor celestial.

3.10 Dios entiende tu lenguaje
y sabe que te estas esforzando
para agradarlo.
Dios es bueno,
ten confianza firme
ya que te dará
lo mejor y lo escogido.

3.11   Es hermoso
ver la luz del día
y saberse vivo,
pero más hermoso
es ver la luz de Jesús,
porque de El
recibirás
la corona de gloria.

3.12   Los días soleados
y despejados son hermosos,
pero aún más bellos
son los días,
en los que compruebas
que Dios está a tu lado.

3.13   Si tu cuerpo es una maravilla,
piensa en como será tu alma
y tu espíritu,
la verdad,
es que eres
una obra maestra de Dios,
y siempre cuidara de ti
porque te ama.

3.14   No hay nada
que la tierra pueda hacer
para recibir la luz,
tu tampoco puedes hacer nada
para recibir
la luz de la salvación.
Cristo es el que hace todo,
y te lo entrega completo.

3.15 Hasta la persona más correcta del planeta,
un día será llevada
ante los tribunales,
mas Cristo, es el que tiene
la evidencia
que exigirá un veredicto
a su favor.

3.16 Existen cosas
que tu valoras mucho,
que te absorben la vida,
pero para Dios
son distracciones
y te las quita.
Acepta la derogación,
es por tu bien.

3.17 Vive cada día
como si fueses a recibir el milagro,
si no llega hoy,
entonces tu esperanza
habrá sido el agua,
que llego a las raíces de él,
y tu milagro
se hará mucho más grande
de lo que imaginabas.

3.18 Para esos días
en los que sientes
que no avanzas,
Dios viene a ti
con un poder sobrenatural
para ayudarte
y abrirte camino,
Dios es tu amigo verdadero.

3.19 Dios está buscando
la mejor forma
de expresar su amor por ti,
lo podrás ver,
sentir
y escuchar.

3.20 Has dedicado demasiado tiempo
para otras personas,
ahora atiéndete a ti mismo,
toma las cosas con calma
y disfruta de lo que antes llamabas,
miseria.
Cristo te ama.

3.21 Si de cosas pequeñas
obtienes satisfacción,
Dios te enviara las grandes
con toda convicción,
no permitas
que las limitaciones
opaquen tu fe.

3.22 Dios te ha dado cosas grandes,
esfuérzate
porque tienes que ir por ellas,
tu obediencia
tendrá gran recompensa.

3.23 Hoy, mientras atiendes
tus actividades cotidianas,
Dios está atendiendo
las actividades milagrosas
y extraordinarias para ti,
avanza confiado.

3.24 Si el tiempo malo
y los problemas,
te tomaron
un tiempo interminable en tu vida
eso no será más,
el tiempo bueno
será más extenso,
Dios te ayudara en todo.

3.25 Cuando Dios actúa
en las cosas comunes de tu vida,
ellas van a adquirir
un resultado maravilloso.
Déjalo trabajar en ti
y no lo interrumpas.

3.26 Deja correr la vida
así como el agua del rio,
déjala correr,
no trates de ayudarla,
únicamente déjate llevar por Cristo,
Él sabe cómo remar por ti.

3.27 En el eterno presente de Dios
estas tú, y formas parte
importante de su plan,
nada fallara
y todo llegara a tiempo.

3.28 Si tienes muchas cosas
que resolver,
y no puedes con ellas,
entonces,
atiende una sola,
porque de todo lo demás
se encargara Dios.

3.29   Las cosas que se te han negado,
       no es que no las merezcas,
       lo que sucede, es que Dios
       te dará algo mayor y mejor
       de lo que has pensado.

3.30   Los meteoritos
       son pedazos de un cometa
       que se desprendieron,
       pero el sigue su camino.
       Si tú has perdido algo,
       avanza,
       llegaras a tu destino.
       Dios te ama

3.31   Los aviones
       primero avanzan a vuelta de rueda
       antes del despegue,
       luego,
       a gran velocidad se elevan,
       si tu vida avanza lentamente,
       no te desesperes,
       pronto, Dios te hará volar alto.

3.32   Cada persona
       tiene asignada una función.
       No te preocupes
       por las que no te corresponden
       y muéstrate satisfecho
       ante Dios
       por lo que tienes.

3.33   El más grande poder
       de tu grandeza, esta
       cuando puedes ver
       en las cosas pequeñas,
       lo inmenso de Dios
       para tu vida.

3.34 Cuando sientas
que el océano de la vida
es difícil de remar,
mantente quieto
en las corrientes de Dios,
porque con amor,
Él te vendrá a ayudar.

3.35 La más grande satisfacción
es ver la cosecha
de lo que tus manos sembraron,
para Dios,
tu eres su semilla
y en ti
encuentra contentamiento.

3.36 No sacrifiques tu cuerpo
para obtener
un poco de alegría,
porque ella vendrá a ti
en el perfecto día.

3.37 Cuando el rio
da de su agua,
más agua recibirá,
tu eres rio
y tus aguas
Dios las enriquecerá

3.38 El tiempo
ante el cual
fuiste sumiso ante Dios,
te será multiplicado
en tiempo
de una libertad inmensa,
con abundancia de paz
y prosperidad.

3.39 Es bello saber que alguien piensa en ti,
pero aún más hermoso
es saber
que esa persona
hace algo por ti,
hoy, Dios piensa
y obra para ti.
Regocija tu alma.

3.40 Comprendo tu debilidad,
porque somos frágiles,
pero Dios es fuerte
y conoce tu necesidad.
El más que nadie,
te conoce y te ayudara.

3.41 Lo que tú necesitas
ya Dios lo sabe,
y le asigno cantidades,
salud y prioridades.
Él quiere y puede hacerlo,
porque te ama.

3.42 Ten la certeza,
de que cuando tu
haces algo
para agradar a Dios,
aun con detalles pequeños,
Él te agradara a ti
con grandezas
impresionantes.

3.43 Jamás olvides
que eres una persona especial,
con grandes propósitos en la vida,
y además de eso,
eres alguien
a quien Dios
le tiene especial estimación.

3.44 Tu obediencia y tu paciencia
será el tiempo glorioso
que al fin de los días,
se convertirá
en tu corona de gozo,
Dios está contigo.

3.45 Si una puerta no se abre,
continua tu camino,
porque cuando Dios quiere
las puertas se te irán
abriendo solas,
y Dios tiene muchas puertas
para ti.

3.46 En los tiempos de calma
mantén alerta de vigilancia
en tu vida,
el maligno espera que te confíes,
pero en nuestra vida
somos soldados de Cristo.

3.47 Dios vistió de verde
a los arboles
y también vistió con amor
tu bendición,
Dios cuida de ellos
y también de ti.

3.48 Las bendiciones
son como la lluvia,
comienzan con gotas
y luego se derraman
como un rio,
no te desesperes
porque lo más grande
viene a tu vida.

3.49   Confiar en Dios
        es que tu alma se mantenga en paz,
        aun cuando te rodean
        los vientos de problemas.

3.50   Ante el canto de las aves
        el corazón se alegra,
        ante tu fe,
        Dios se goza,
        y cuando Dios se goza,
        te envía siempre
        tu galardón.

3.51   Cuando tus acciones
        se enlazan con tus palabras,
        juntas abrirán camino a tu paz
        y al sendero que conduce
        a una vida de gran bendición.

3.52   Observa como las flores
        son receptoras
        del roció matinal,
        porque así mismo
        Dios te envía este día
        su bendición celestial

3.53   Antes que veas
        la plenitud del sol,
        siempre veras sus tiernos rayos,
        pero, cuando tu gran bendición viene,
        siempre veras
        la ternura de Dios a tu lado

3.54 Cada día
lo conforman
una gran cantidad de factores,
sin que falle ninguno.
En cada uno de ellos,
Dios piensa en ti
y crea condiciones
para tu bien.

3.55 El mundo visible
es controlado
por un universo invisible,
conserva la calma en todo,
porque Dios está al mando
de tu vida,
y finalmente
te dará lo que te hace falta.

3.56 Antes de recibir el galardón,
pasa por la casa de Dios,
temprano,
y le das las gracias
por su gran amor
por ti.

3.57 Cuando en tu vida
encuentres un obstáculo,
actúa siempre con prudencia.
Todo quedara resuelto
y tú,
quedaras con una buena imagen
ante Dios
y ante las demás personas.

3.58   En la carrera de la vida,
hay zonas en las cuales
deseas morir,
Dios no te quitara la vida
cuando así lo sientas,
porque un poder especial
a ti llegara.

3.59   Al nacer no tienes dientes
y tomas leche,
luego hay que masticar y ellos surgen,
cuando una bendición te llega,
prepárate
porque vendrá otra más grande.

3.60   Las más grandes riquezas
son opacadas,
por lo que pareciera tener valor
y es perecedero.
En tus manos esta disfrutarlas,
únicamente pide a Dios
que te las revele.

3.61   Las estrellas en el cielo
y las arenas en el mar
no se pueden contar,
pero el amor de Dios para ti,
a pesar de ser inmenso
sentirás que es único para ti
por su forma de amar.

3.62   El más bello paisaje
no es el que se forma
en un día tranquilo,
sino aquel que nace
después de las tormentas.
Confía en Dios,
ya tu paisaje
se está formando.

3.63   El miedo puede enfermar el alma
y torcer el cuerpo,
no es una simple emoción,
se sana cuando creas
con todo tu corazón,
que Cristo
te dará la solución.

3.64   La experiencia te vuelve sabio,
las emociones te confunden,
Cristo te dará experiencias
que te hagan prudente
y emociones,
que te multipliquen
el gozo eterno.

3.65   El esfuerzo
que va acompañado de la fe,
vera su fruto
como columna eterna.
Las cicatrices del pasado
vendrán a ser
como caricias al alma.

3.66   La luz y el aire
solamente los puedes
ver y sentir,
no se pueden tocar,
Dios te ve, te siente
y te toca,
deja que su amor
te cubra,
te consuele
y te sustente.

3.67 Dios conoce tus dificultades
y ha enviado a un ángel
especialmente,
para ayudarte
confía,
saldrás bien de todo.

3.68 Por donde quiera que sea,
siempre veras la mano de Dios,
que con grandes favores
te ha bendecido,
eso merece
que estés agradecido.

3.69 Hay algo en ti
que te dice
que eres eterno
y que anhelas
ir al cielo a vivir,
sabes porque?
porque de allá has venido,
pero mientras tanto,
has lo que Dios
te ha encomendado
en la tierra.

3.70 Por muy insignificante que sea,
cualquier actividad
que atiendas responsablemente,
siempre será
recompensada por Dios
fielmente

3.71 Tu nombre está incluido
en los registros del cielo,
eso es lo que cuenta,
lo temporario de esta vida
está en las manos de Dios.

3.72 Solamente se te pide
que tengas el aguante
de un búfalo
en el valle,
Dios se encargara de lo demas.

3.73 La justicia del hombre
siempre
te dejara insatisfecho,
pero Dios vendrá a ti
con la porción restante
y te dará más,
de su amor abundante.

3.74 Si la oscuridad
es la ausencia de luz,
entonces,
la luz
es la presencia de Dios.
Él está contigo
y te ayudara siempre
porque es tu amigo.

3.75 Estarás bien,
y aunque te sientas
debilitado,
Dios te promete
que estarás bien.

3.76 Todo lo que te atormenta
pasará,
y una nueva etapa
a tu vida llegara,
Suspira!
porque aunque
lo sientas imposible,
con seguridad vendrá.

3.77   No te preocupes
si el sol se marcha,
la noche no lo hará desaparecer,
si te sientes solo
nadie podrá quitar
a Cristo de tu vida.

3.78   Hay un gran deseo
en el corazón de Dios
para alegrar tu vida,
no pienses que ya es tarde,
porque aun puedes
servir a Dios
y a los demás.

3.79   Dios prometió
una solución a cada problema
y un límite al dolor,
Dios cumplirá su promesa
y tu corazón,
entonara
una canción.

3.80   Cuando puedas ver a Dios
en las cosas comunes,
entonces El,
te dejara ver,
las extraordinarias,
las grandes,
las maravillosas,
las fenomenales
y las milagrosas.

3.81 Muchos creen
que si su presente es sólido,
así será su futuro,
pero se les desvanece,
si tu presente
lo vez sombrío
y si depositas tu fe en Cristo,
tu futuro
será sobre la roca eterna.

3.82 No hay día de reposo
más agradable
que el que da Dios,
porque aunque estés
con trabajos
siempre tendrás su paz,
su amor y su verdad.

3.83 Levántate con fe,
tu eres más valioso
que las estrellas,
levántate
con la fuerza
de un hipopótamo
y con la inspiración
de un águila.

3.84 Tu mayor riqueza
es la fe en Dios,
porque no hay nada
imposible para El
y siempre te sostendrá,
por muy profundas
que sean las aguas
del sufrimiento,
Dios te sacara
a un lugar seguro.

3.85　Dios envía a tu vida
una gran bendición de salud,
también te dará descanso
y serás prosperado.

3.86　Siempre que llueve
se aumenta la vida,
y siempre que buscas a Dios,
Él te envía
bendiciones de lluvias

3.87　Hay un plan de Dios a tu vida,
tu eres parte de él,
las buenas noticias
alegraran tu corazón
y una nueva etapa de salud
te restaurara.

3.88　Las aves se elevan
con el viento contrario,
tú también lo puedes hacer,
poniendo tu pecho
ante la adversidad,
Dios te elevara
con su favor.

3.89　Cuando los días
se ven grises,
y las nubes del dolor
y la imposibilidad
son tu cielo,
es porque está a punto
de suceder
el milagro en tu vida.

3.90 Todos tus esfuerzos
encaminados a lograr algo,
si son constantes y con fe,
verán la culminación feliz,
Dios te honrara.

3.91 Recuerda asignar a Dios
el primer lugar en tu vida,
eso hará que El
te dé a ti,
el primer lugar en su vida.

3.92 Recuerda que todo tiene su tiempo
y que, aunque a veces
te desesperas,
contrólate,
porque todo llegara
de parte de Dios
en su momento exacto.

3.93 Cuando el pueblo de Dios
tuvo sed en el desierto,
Dios le dio
agua de la roca,
en cualquier necesidad
de tu vida,
Dios siempre
te sostendrá
de forma celestial,

3.94 El pasado, presente y futuro
se resumen
en la voluntad de Dios,
confía en El,
todo estará bien.

3.95 Cuando alguien
se expresa mal de ti,
es porque no tiene fuerzas
y se está hundiendo,
sin embargo
Dios a ti te exaltara.

3.96 Vamos!
animo!
toma impulso!
Dios ha puesto en ti
un código de victoria,
tu nombre
ya está en sus registros,
cálmate
y se totalmente feliz.

3.97 Amaneció
y tienes la dicha de estar vivo
sigues siendo
un favorito de Dios,
amaneció
y junto con la aurora
también viene tu bendición.

3.98 Dios no viene a visitarte
una vez al mes,
Él está contigo
todos los días
de tu vida,
es tu ayudador en todo,
te sostendrá
y aliviara tus quebrantos.

3.99 Se han abierto las flores
para refrescarse ante la lluvia,
y también los cielos se abrieron
para que puedas disfrutar,
del amor de Dios.

3.100 Si en tu vida hay cosas
que van cambiando
hacia lo negativo,
no pienses
que es el acabose,
porque Dios,
pronto hará que las cosas buenas
superen lo adverso.

CAPITULO IV

Tesoro de proverbios

4.1 Deja un poco de tiempo
para ir a comprar el pan
porque cuando tengas hambre,
le darás gracias a Dios.
Deja un poco de tiempo
para darle gracias a Dios,
porque cuando tengas hambre
Él te dará para el pan.

4.2 Es mejor que tengas
prosperidad y salud
cuando eres sabio,
porque todo
lo administraras mejor
y tus días serán
como lluvias frescas de
bendición.

4.3 Cuando veas las nubes
de tristeza cerca de ti,
busca las vasijas vacías
para que se llenen de
esperanzas.
Veras como las nubes
se retiran
dejando tu cielo despejado.

4.4 Hay días en los
que piensas, que un
mosquito y un clavo
valen más que tú,
pero por el contrario,
tú eres más valioso
que un ángel, y más
importante que los
metales.

4.5 Tú puedes crear
cosas imposibles
con el poder que Dios
te ha dado,
aviva el fuego de la fe,
aunque sientas
que solamente cenizas
quedaban de ti.

4.6 Este es un día especial
porque Dios tiene
un regalo especial
para tu vida,
lo recibirás desde su
corazón.
Eres importante para El.

4.7 Tu fe en Dios, si se
mantiene inquebrantable,
hará que se te concedan
todas tus solicitudes
al cielo,
solamente mantente firme
y que nada te haga dudar.

4.8 La mejor contabilidad
que no deja pérdidas,
es recontar el tiempo
de tu confianza en Dios.
El cerrara tus libros
con grandes ganancias.

4.9 La vida no es competencia,
disfrútala
porque Dios,
te hizo un triunfador,
no te compares con nadie.

4.10   Cuando te duelen las rodillas
el ánimo se te viene abajo.
Pero desde el cielo
Dios enviara su poder
para sanarte y que
puedas llegar a la meta.

4.11   Que maravilloso es
que tu alma se refresque
con el aliento de vida
que te provee Dios,
soportando cualquier
dolor y llenarse de
la esperanza,
bienaventurada.

4.12   Los resultados obtenidos
con el esfuerzo,
siempre son alentadores,
Dios también se esfuerza
para que tengas
todo lo que necesitas
en tu vida,
y se complace en ti.

4.13   Es hermoso ver como de
una diminuta semilla
nace un gran árbol,
pero más impresionante
será cuando tus ojos vean
el gran milagro,
que Dios hizo con tu fe.

4.14   Ante las pérdidas siempre
hay una restauración,
y la etapa postrera
será mayor que la primera,
Dios dirige tu vida,
no te angusties.

4.15 Aunque se te caigan los
dientes,
y pierdas la esperanza,
Dios puede
hacer nuevos huesos
y vida para tu vida.

4.16 Cuando veas que las cosas
comienzan a fallar en tu vida,
y tiemblen
hasta las columnas
de tu estabilidad,
no llores,
no te desesperes,
porque Dios,
está haciendo cambios
para tu propio beneficio.

4.17 A veces parece una locura
seguir pidiendo a Dios
algo que no te concede,
pero no desistas, porque
Él te lo concederá.

4.18 Dios puso a la tierra
en una distancia perfecta,
para que el calor solar
no la queme,
Dios te puso a ti,
en una posición perfecta
para recibir su bendición.

4.19 Todo lo bueno
viene protegido
Con un fuerte empaque,
Dios te hizo bueno
y siempre te dará
su protección.

4.20　Con el paso del tiempo
te saldrán canas
y tú serás más lento,
cuando disminuyan tus fuerzas,
Dios te dará bendiciones
y tu espíritu,
estará contento.

4.21　Dios es generoso y bueno
con todos los que le aman
y confían en El,
Dios no retiene su favor
hacia los que en El
han esperado.

4.22　Tú puedes alargar los días
con tu disposición
para servir.
Recibe una bendicion temprana
para tu alma, ella necesita,
aire fresco de Dios.

4.23　Dios te ama y siempre
tiene un método para
hacértelo saber,
pon atención a sus bellos
detalles y comprobaras,
que te estima
de una forma especial.

4.24　Hay una fuente
de energía universal
que mueve a la creación,
pero lo que da aliento
a tu vida,
es el amor de Dios,
levanta la frente
porque Dios
está contigo.

4.25 Siempre verán
la exaltación de sus vidas
los que pacientemente
esperaron en Dios,
gózate porque tu
eres uno de ellos.

4.26 Las más grandes bendiciones
están precedidas por
grandes obstáculos,
los cuales finalmente
desaparecen y se postran,
dando paso a tu galardón.

4.27 En el proceso de construcción
siempre hay etapas sin
formas agradables,
pero al final,
la obra terminada
es admirable,
tú eres construcción
de Dios, gózate!

4.28 Dirige una mirada al cielo
y comprobaras de Dios,
su magnificencia,
luego Dios dirigirá
su mirada hacia ti,
y te dará cosas mayores,
que la misma ciencia.

4.29 A veces sientes
que las puertas del cielo
están cerradas
cuando llamas, pero tu clamor
ha sido escuchado,
solamente se probó
tu fe en la espera.

4.30   Mira hacia atrás
y veras la gran cantidad
de milagros
que Dios ha hecho por ti,
entonces, ese obstáculo presente
será superado
por Dios nuevamente,
gózate!

4.31   El amor es dar
y toda la creación lo cumple,
Dios te ama,
y siempre te está dando.
Recibe hoy una gran
porción de su generosidad.

4.32   Una confirmación de
que Dios está de acuerdo
contigo en algo, es que
te da fuerzas e inspiración
para levantarte,
e ir por ello.

4.33   Creer en Dios
es la forma por medio
de la cual,
Él se levanta de su trono
para atenderte,
te dedica tiempo
y su esmero especial.

4.34   Ante un mar de problemas,
vendrá un cielo de solución
y ante un planeta,
convulsionando
Cristo siempre te estará
sanando.

4.35   Gracias Dios
porque todo lo malo
lo conviertes en bueno,
las tempestades
en brisas calmas,
y las miserias
en abundantes gracias.

4.36   Dios te ama,
te comprende
y se pone de tu lado,
Dios te ama
y sabe que le necesitas,
Dios te ama
más de lo que te imaginas.

4.37   En el cielo,
tu ángel hablo con Dios
y le entrego tu petición,
Cristo la firmo y la aprobó.
pronto te será cumplida.

4.38   En este nuevo día,
recibe nuevas fuerzas,
mucha salud y regalos
abundantes de Dios,
a tu vida.

4.39   Dios hizo que en tu vida
te nacieran dientes
en dos veces,
El también puede hacer
mucho más por ti,
espera la gran oportunidad
de tu vida.

4.40   Siempre que te encuentres
       en peligros o angustias,
       Dios te librara,
       porque recuerda
       tu amor hacia El,
       desde tiempos pasados,
       aunque no te sientas
       digno de Él.

4.41   El amor de Dios
       es tan especial,
       que en tus momentos
       más grises brilla más,
       te da más y te cubre
       más.

4.42   Después de las lluvias,
       los arboles crecen o
       se fortalecen,
       después de las
       bendiciones, tú también
       veras los grandes cambios
       buenos para tu vida.

4.43   No siempre retroceder
       significa perder,
       puede ser que Dios,
       te esté llevando
       al punto inicial,
       para subir a un nivel
       que jamás imaginaste.

4.44   Las sombras reflejan
       las formas
       de una realidad,
       pero Dios es luz
       y hará más realidades,
       en tu vida
       para que seas feliz.

4.45 Aunque tengamos hoy
cielos parcialmente nublados,
estaran totalmente bendecidos
de parte de Dios para ti,
deja que la lluvia de su amor
te cubra por completo.

4.46 Los vientos fuertes
sacuden a los árboles,
y estos,
aun perdiendo ramas,
son limpiados.
Deja que Dios
haga su obra en ti,
la perdida será ganancia.

4.47 Todas tus acciones
para acercarte a Dios,
son muy importantes
para El.
Dios te dará
recompensas enormes
para confirmar
su aceptación.

4.48 Servir a Dios no es
satisfacción personal,
sino honrarle a Él,
y servir a los demás.
Cuando así lo hagas,
entonces vendrá
tú paga celestial.

4.49   Tú formas parte del
movimiento universal
de Dios, no le temas a
las nebulosas,
porque vas viajando
hacia nuevos soles
del amor de Dios.
Él te ama.

4.50   Cuando uno ve
los milagros de Dios,
comprueba
que es más fácil, que
el mar se quede sin agua
o que el cielo se desplome,
a que Dios deje de cumplir
su palabra.

4.51   Dios construye caminos
para que pases libremente,
Siempre te ayudara en todo,
manantiales especiales
te esperan,
y manjares de su amor.

4.52   Es maravilloso saber
que hay un poder especial
que Dios ha enviado
a tu vida, aunque te sientas débil,
te levantaras
con nuevas fuerzas
y salud.

4.53   Cuando preguntes algo a Dios
y no logres entender su respuesta
en tu alma,
no te preocupes
porque Él sabe cómo hablarte,
con los cambios poderosos
que sucederán.

4.54 Hay una fuerza
que te atrae a la tierra,
pero hay otra más fuerte,
la de Dios.
Fija tus ojos en El
y huira la angustia,
y el dolor.

4.55 En forma maravillosa,
cuando despiertas,
tus ojos se abren, pero
más hermoso es saber
que con tu fe,
haces abrir el cielo
a tu favor.

4.56 Cuando recibiste algo muy
bueno dijiste:
Esto viene de Dios,
luego lo perdiste, eso
también lo dirigió Dios,
-tranquilo-
porque algo más grande
se te concederá.

4.57 Una descarga de energía
negativa pudo afectar
tu vida,
pero el poder de Dios
viene a sanarte
y a dejar tu alma renovada,
prosigue confiado.

4.58 En el cielo se ha analizado
tu caso y se determino
una ayuda urgente para ti,
una legión de ángeles
viene con una provisión,
que suplirá tus necesidades.

4.59 Entre el dolor y la sanidad
hay un espacio,
pero allí también esta Dios,
en la fe y la esperanza,
la cual finalmente
cumplirá en ti, su promesa.

4.60 Entre más grande sea el
problema y aún más complicada
la dificultad,
siempre ha sido la gran
oportunidad para ver,
la mano de Dios
obrando a tu favor.

4.61 Dios sabe que a veces
tienes deseos de
sentarte junto al camino,
debido a las fatigas
que producen la pruebas.
Él te comprende
y vendrá a ti
a darte nuevas fuerzas.

4.62 Cuando sientes la brisa de
la felicidad en tu alma,
eso es una caricia de Dios,
que aun enmedio de las
pruebas te dice:
estoy contigo
y todo estará bien.

4.63 Hay problemas no resueltos
en los que Dios ya está obrando
y parte por parte
se ira despejando,
hasta que finalmente
tengas la paz que estas anhelando.

4.64   Hay algo muy fuerte
       en tu sangre que te grita,
       diciéndote que eres
       de un linaje especial, elegido
       por Dios,
       no permitas que el ruido
       mundanal te haga opacarlo.

4.65   Cada nube
       tiene una forma distinta
       y cada persona
       también,
       Dios es el mismo,
       y para El tienes un
       gran significado.
       Nubes con bendiciones
       se acercan a tu vida.

4.66   Deja que tu fe corra
       como un río,
       y no te detengas para evaluar
       los resultados,
       únicamente
       confía en Dios,
       porque finalmente
       todo será mejor
       que lo esperado.

4.67   Todo lo creado
       mantiene un orden,
       aunque por momentos
       se vea desordenado,
       cualquier desajuste en tu vida,
       por Dios,
       pronto será restaurado.

4.68   El que busca encuentra,
       tú eres un buscador
       de bendiciones
       y Dios se complace en
       dártelas,
       si alguna de ellas tarda
       no te desesperes,
       porque pronto llegara
       a ti.

4.69   Cada uno de los intentos fallidos
       o fracasos,
       no son otra cosa,
       sino pasos,
       que te han ido acercando
       a la gran oportunidad,
       de tu vida que Dios
       te dará.

4.70   Las frutas están protegidas
       por cascaras especiales a su
       especie,
       tú estás protegido
       por la presencia de Dios,
       sus ángeles y su amor.

4.71   ¿Has visto a las gallinas,
       como protegen a sus polluelos?
       Se enfrentan ante quien sea
       para salvarlos,
       Dios hará todo
       para protegerte
       y darte lo que necesitas.

4.72   Dios te llevara al mismo
       lugar donde un día
       temblabas de temor,
       pero ahora estarás
       con el estandarte,
       de un ganador.

4.73   Cuando veas las luces a lo lejos
y descubras que son
las de tu ciudad,
en donde se fundaron
los inicios de tu vida,
gózate,
porque es Dios,
en tu etapa gloriosa.

4.74   Nada podrá impedir
la obra de Dios en tu vida,
los vientos contrarios
no podrán apagar su amor,
y su voluntad
para lograrlo.
Dios te ama.

4.75   Las cosas a medias
no agradan a Dios,
eso que tienes pendiente,
termínalo, dedícale un
tiempo suficiente,
veras como Dios se agrada
de ti, y te ayudará.

4.76   Hasta las flores tienen
que esperar su tiempo
para su máximo esplendor,
a ti también se te ha concedido
una vida mejor.
Espera con fe.

4.77   Las raíces de los arboles
no ven los frutos ni el aire,
a ellas tampoco nadie las
ve, sin embargo son las que
le dan vida al árbol,
Dios te ve a ti y te dará
los mejores frutos.

4.78 Los amaneceres son oscuros,
no te impacientes
al no ver tus oraciones
contestadas,
ellas están más cerca
de lo que te imaginas,
el sol de tu esperanza brillará

4.79 Muchas veces, la vida se hunde
por el peso
de los placeres,
lánzalos fuera y
y llegarás a la orilla
de la isla,
de tu salvación.

4.80 No permitas que las cosas
minúsculas opaquen,
los grandes milagros que Dios
ha hecho por ti,
siempre recuérdalos
y eso te llenara de vida.

4.81 Mantén el ritmo que
Dios ha puesto a tu vida
no aceleres ni te desesperes,
llegaras a tiempo,
todo está preparado
para su momento.

4.82 Si tienes un problema
difícil y no lo puedes
resolver, deja que,
como olas
revienten sobre ti,
luego pasara,
Dios enviara la calma
y la mejor solución.

4.83　El mejor reposo no es
el que buscas cuando
estás cansado,
sino el que te da Dios
cuando quita tus cargas,
prosigue fiel al creador,
porque Él te honrara,
y todo estará bien.

4.84　Aunque sientas que las
dificultades surgen como
moscas interminables,
y estés al punto de
desesperar,
Dios hará para ti
una nueva etapa, y al mal
lo hará terminar.

4.85　Los huesos y el resto de
tus partículas de ser humano,
recibirán la
restauración de Dios,
desde el momento
en el cual sonrías ante El,
cuando te levantas
para comenzar el
nuevo día.

4.86　Las velocidades y el peso
tienen energía establecidas
por Dios,
Las dificultades también.
A ti te corresponde asignarles
la fe y la esperanza.

4.87   Por cada paso que das
hacia Dios,
El extiende sus brazos
hacia ti,
eres parte de su plan
y su misión.
tendrás todo lo necesario,
no te preocupes.

4.88   Por mas alterado que
que te encuentres
por ataques diversos,
mantén la calma.
Eso hará,
que Dios se manifieste
y el enemigo huira con
terror.

4.89   Los grandes milagros de Dios
no están sujetos,
a las condiciones de tu
pasado sino a las
condiciones de tu fe.
No dudes, todo lo bueno
sucederá.

4.90   Sé que esperas el
Milagro de los milagros
en tu vida.
Dios te comprobara
porqué Él es Dios,
te lo concederá
y serás su testigo fiel.

4.91   Babilonia, Persia, Egipto
y el imperio de satanás,
no prevalecieron contra Dios,
tus problemas y enfermedades
tampoco prevalecerán.
Dios te ama y es tu sanador.

4.92   La mejor agua es
aquella que te quita,
la peor sed.
Las bendiciones de Dios
serán más notorias en tu
vida,
después de los gemidos
y las lágrimas de tu ser.

4.93   Tu cuerpo necesita alimentos
y tu alma también,
Cristo te ha preparado
su provisión.
Si te encuentras enfermo
Él te sanara,
porque su deseo
es que estés bien en todo.

4.94   Dios, cada día
tiene un plan favorable
a tu vida, levántate con fe
porque todo saldrá bien.
Hoy es un día especial
y tu vida está,
cambiando para bien.

4.95   Podrán arrancar y borrar
el camino por donde
pasaste,
pero jamás podrán borrar
las huellas,
de tu amor para Dios.

4.96 Dios sabe combinar los
colores en las plantas de flores,
también sabe
combinar en tu vida,
sus amores.
Te ayudara con tu salud,
te prosperara
y te dará sus primores.

4.97 Usa lo que tienes
con el mejor entusiasmo,
no te deprimas
si es escaso,
Dios sabrá engrandecer
tu heredad divina
si esperas con fe.

4.98 El dolor grita,
pero el cielo gritara más fuerte,
cuando su ayuda recibas.
Dios está contigo,
jamás te dejara,
todo pasara.

4.99 Cristo sabe llegar al
fondo del dolor,
pero también sabe escalar
la cumbre del
esplendor.
Tú has sido elegido
para subir con El,
pronto saldrás de tu
temor.

4.100 A medida que el hombre
se complica su existencia,
Dios cada vez,
nos demuestra su excelencia.
Lo mediocre quedara atrás,
y tus ojos verán maravillas.

CAPITULO V

Proverbios maravillosos

5.1   Cuando llegues
frente a la dificultad,
no dediques tiempo
a contemplarla ni a desesperarte.
No hay tiempo para ello,
habla con Dios claramente
y Él te ayudara.

5.2   Cada vez que doblas tus
rodillas y clamas ante Dios,
las fuerzas del mal
son destruidas.
En tu ser esta el poder
para avanzar triunfante
y obtener la corona.

5.3   Dios es bueno y milagroso.
Por más leve que sea su respuesta
siempre tendrá esas dos
características:
Su bondad y sus maravillas.

5.4   El arma más poderosa
para deshacer al enemigo
es la paciencia.
Cristo la demostró
ante Herodes y los fariseos,
y desea que la vivas
en todo tu ser.

5.5   Cada roca tiene las huellas
del tiempo y cada
ser humano tiene las huellas
de Dios.
Deja que trabaje en tu vida
y no te desesperes,
porque una gran obra
en ti se está formando.

5.6 Dios te formo como parte de su
plan, Él es el responsable de
tu vida,
recuerda esto y veras
como se retiran las angustias.

5.7 Tú puedes tocar el cielo,
tú estás hecho para habitar en él,
puedes visitar tu morada
en oración.
Dios no te dejara ir
con las manos vacías.

5.8 Cristo no solamente vino
para vencer a Satanás y a la
muerte, también vino para
darte fuerzas,
salud y prosperidad.
Animo!
no estás solo.

5.9 El sol tiene millones de horas
dando su luz.
Dios tiene millones de días
para amarte,
no te olvida,
siempre te ayudara.

5.10 Son muchas las cosas
a las que te tienes que enfrentar,
y te desgastan.
Pero solamente debes acudir
al único Dios,
-Jesucristo-
y te restaurara.

5.11 Dios no llama
para rendir cuentas a sus ovejas,
de eso Él ya se hizo cargo.
Ahora te llama
para bendecirte.
no temas.

5.12 La fe es la que hace
que presentes ante Dios
el sacrificio de agradecimiento,
aun sin haber recibido nada.
Es creer que vendrá un río
en el desierto
cuando languideces.

5.13 Están aquellos
que son como el amanecer,
fieles a Dios.
Pero también están aquellos
que no se levantan
para confiar en Él.
Recuerda
que el que espera
recibe.

5.14 Considera este día
como celestial,
y Dios te enviara
cosas desde el cielo
para que las puedas utilizar
en tus necesidades
terrenales.

5.15 Rompe el último hilo
que te conecta a satanás,
y Dios abrirá la bóveda
del banco del cielo
que contiene todas las
bendiciones depositadas
a tu nombre.

5.16 Tu mismo
eres un universo,
y Dios se encargara
de hacer brillar tus estrellas.
Las constelaciones
de sus bendiciones
giraran a tu alrededor
por siempre.

5.17 Dios tiene la formula
de tu alegría.
Él sabe cómo hacerte sonreír,
no le pidas más,
solamente espera.
Él es sabio
y sabe cómo ayudarte.

5.18 Las cuerdas de la guitarra y
del piano, se tiemplan
hasta lograr las notas.
Deja que Dios te afine,
porque tú eres
su instrumento de amor.

5.19 Es muy grande la vida eterna
que Dios te ha dado,
y no permitas
que ningún parásito humano
te quite el gozo.
Sigue tus pasos firmes
en pos de Cristo.

5.20 Elévate al nivel máximo
de la fe y deja que Cristo
atienda todos tus problemas.
El día está perfecto,
para volar
y creer en Dios.

5.21   A pesar de la gran presión
de un mundo
negativo y corrupto,
mantén la confianza
en nuestro Dios,
justo y recto.
El cumplirá
su propósito en ti

5.22   Si miras que a tu alrededor
hay muchas cosas que fallan,
y con grandes defectos.
Es tiempo de mirar
hacia Dios,
y Él te dará la convicción
de que todo estará bien.

5.23   Las etapas duras
y la sequedad del desierto,
solamente
son métodos divinos
para que puedas ver,
lo que el Reino de los cielos
puede hacer por ti.
Confía en Dios

5.24   Si una tempestad
sacude tus ramas
y desprende tus hojas,
mantén la calma,
ella se disipara,
tú serás restaurado
y Dios será exaltado.

5.25 Ante una amenaza
mantén la calma
y el dominio propio.
No hables nada
y mira a Dios,
El pondrá las cosas
en su lugar
y luego vendrán a ti
palabras sabias.

5.26 No te decepciones si ves
que los esfuerzos humanos
han fracasado,
esa será la mejor oportunidad
para que veas el triunfo,
de los esfuerzos milagrosos
de Dios.

5.27 La mejor ofrenda
para agradar a Dios,
es tu deseo
por estar cerca de Él,
y por hacer cambios en tu vida
buscando su ayuda.

5.28 La bendición de Dios
es la que enriquece el alma,
y le da su calma,
aun en un cielo sin estrellas,
y le hace esperar confiado
el día de su voluntad.

5.29 Cristo sabe las dificultades
de tu vida,
y también conoce
la forma de librarte de ellas.
No pasara mucho tiempo
para que veas su poder en ti.

5.30   Cuando muchas cosas
te hacen sentir deprimido,
Cristo vendrá con una
bendición, que te
levantará hasta los cielos,
No hay margen de error en ello.

5.31   La gracia de Dios consiste
en que aun, después de tus
quejas, dolores y pobrezas,
Él te sigue amando.

5.32   Hay días que hasta el sol
se debilita,
pero Dios le da energía.
Hay días en los que desfalleces
pero Dios siempre te levantara,
porque te ama
más que al sol.

5.33   La humillación también es
parte del crecimiento,
permite a Dios el control
y finalmente
veras tu elevación.

5.34   Honremos a Dios
por todo lo que nos ha dado,
por lo que nos da hoy
y por lo que nos dará en
el futuro.
Dios también es un dador
alegre,
y te ama mucho.

5.35 Arriba,
siempre hay más espacio
para subir,
pero a veces sientes
que vas en una bajada.
Ya no estés triste,
Dios te ama
y eso es lo que cuenta.

5.36 No existen nuevos comienzos,
todo es una secuencia
de acontecimientos en tu vida,
que son dirigidos por Dios.
Él quiere darte lo mejor,
quédate tranquilo.

5.37 Las dificultades están cargadas
de bendiciones.
Cada una de ellas
contiene un arsenal del poder
de Dios.
Desátalo con tu fe y paciencia.

5.38 Tú esfuerzo y aguante
para honrar a Dios,
será grandemente recompensado,
y hasta lo que creías imposible
será resuelto y prosperado

5.39 De la misma forma
que las estaciones del tiempo
van cambiando
y renovando la naturaleza,
Dios lo hará contigo.
Tus cambios
están en camino.

5.40   A Cristo no se busca,
El viene a ti,
abre tu puerta,
déjalo entrar,
y permite que se siente
junto a ti.
Él es el amado
y se deja amar.

5.41   Por muy altas que sean
las olas de problemas
y dificultades,
Dios siempre te pondrá
sobre una roca,
más alta que esas aguas.

5.42   Es una fuerza poderosa
la que Dios le aplica
a cada amanecer,
pero aún más fuerte
es el poder,
que Dios aplica a tu vida
y la hará florecer.

5.43   Cuando pides a Dios
aguas milagrosas,
Él te llevara a la zona correcta
y te dirá:
perfora la tierra,
porque eso corresponde a ti
y lo imposible, a mí.

5.44   Cuando otra persona
logra enfadarte,
ella te está controlando.
No permitas que otro te
controle,
no te enfades,
Dios te bendecirá.

5.45 El dolor
acerca a los seres humanos
a la muerte,
pero a los seres celestiales
a la vida.
Las lágrimas
son gotas
que claman a Dios,
y Él siempre te ayudara.

5.46 La dificultad y el dolor
son medios que usa Dios
para que confíes más en El.
No tengas temor,
él va contigo siempre.

5.47 Si estos días
los encuentras llenos de
dificultades,
Dios está haciendo
un día especial para ti.
no es un día de la semana,
sino un día para ti.

5.48 Ayer vi a un cuervo
sobre un pan
llamando a los demás.
Hoy vi a Dios
sobre el universo
y te llamaba a ti,
para compartir con Él.

5.49 Un día más, es sostenerse
entre el espacio
de una nube y otra.
Un día más, es sostenerse
entre el espacio de Dios,
y tú.

5.50 Es mucho mejor
dejar las cargas
ante Dios.
Él puede con ellas,
para que tú,
avances livianamente.
No sufras más,
por algo que ya,
Dios está solucionando.

5.51 El tiempo de lamentos
es tiempo perdido.
Es mejor que pidas a Dios,
y te sentirás libre
y contento.

5.52 Es Dios,
el que con detalles de amor
te hace llegar su bendición.
Es Dios,
el que con cuidados tiernos
te da su apoyo,
consuelo y esperanza.

5.53 El brillo hermoso de la luna
lo apreciamos
porque está cerca de nosotros.
El brillo de tu vida
lo aprecia Dios
porque estas cerca de Él.

5.54 Cuando Dios está en ti,
los días grises son hermosos,
el dolor es una puerta al cielo,
y las preocupaciones,
serán una oportunidad
para que Cristo te ayude.

5.55 Dios te ama
entre los cielos,
las estrellas,
la nubes,
las joyas,
y entre sus manos
y su corazón,
porque eres su consentido.

5.56 Se puede vivir
en el planeta tierra,
con todas sus dificultades,
y todo será propicio
para que Dios
te de su ayuda celestial.
Sus milagros llegaran a tu vida.

5.57 Renacer,
es tomar la pala del tiempo
y excavar dentro de tu mismo ser
para descubrir
que apenas acabas de nacer.
Que es poco lo que sabias de ti,
al saber que un bello almacén
de semillas,
esperaban brotar
con un sin fín de maravillas.

5.58 Dios jamás a dejado a un lado
el objetivo por el cual
fuiste creado.
Si la debilidad
te agobia
jamás has sido olvidado,
y ante tus ojos
lo mejor
será revelado.

5.59   El gobierno de Dios
es sabio y justo.
por cada cosa que pierdas,
te dará algo mayor
y para cada necesidad
siempre te enviara su ayuda,
consuelo y salud.

5.60   Al igual que un árbol
con ramas secas,
a veces sientes en tu cuerpo
partes que se deterioran,
pero Dios sanara tus huesos
y restablecerá
las células enfermas.

5.61   Hasta los más fuertes
necesitan aliento,
hasta los más sabios
necesitan motivación,
hasta los más ricos
necesitan alegría
pero están los más humildes
y ellos necesitan de Dios.

5.62   Dios se goza cuando intentas
algo.
y si no lo consigues hoy,
Él te dará un día
el regalo más grande.

5.63   Dios mantiene brillando al sol
y renueva sus partículas
por más viejo que sea.
Dios te sanara
y te proveerá todo,
por más arruinado que te
sientas.

5.64 La fe más profunda
es aquella que aun
sin recibir nada,
sigue creyendo,
esperando
y amando.

5.65 He visto como Dios
sustenta a los animales,
a los ríos y a las nubes.
El los cuida muy bien
y los renueva.
Dios también está pendiente
de ti,
y en todo te ayudara.

5.66 Existe un tipo de ser humano
que es mitad ángel.
Dios los tiene en la tierra
con funciones especiales
y no menguan
ante el dolor y la pérdida.

5.67 Estar afuera de la puerta
no es estar afuera del cielo,
sentirse triste
no es estar descalificado.
Dios está a tu lado
y tiene tu lugar preparado.

5.68 Yo también puedo hacer cosas
divinas,
como adelantarme
a los rayos del sol,
para saludar a Dios.
Tú también puedes hacer
cosas divinas,
en cada madrugada.

5.69   El tiempo no existe,
solamente es una sensación.
Dios viene a ti y te renueva,
borra lo viejo
y te lleva a niveles superiores.
Cálmate,
y confía como un bebe.

5.70   Un momento celestial
es aquel que aun
con los pies adoloridos,
puedes tocar el cielo
con tus manos.
Dios te dará fuerzas
para vivir,
y vencer todos los problemas.

5.71   Cuando más lo necesita tu alma,
Dios envía
grandes gratificaciones
basadas en el bien
que antes hiciste a los demás.

5.72   Todo tiene su tiempo,
todo tiene su justicia,
todo tiene su recompensa.
La fe que tú tienes
es la que abre la puerta celestial
con la cantidad
que has creído.

5.73   Dios se continúa gozando
al hacer feliz a su pueblo,
le concede grandes milagros
y delicias a sus vidas.

5.74 Dios produce alegrías en tu ser
que solamente capta tú alma,
pero luego,
se reflejaran en tu vida activa.
Entre ellas,
esta la salud y su provisión.

5.75 Lo más importante
respecto de ti,
es lo que diga Cristo.
Todo lo demás pásalo por alto.
Eres trigo de oro
y Dios cuida siempre todo
tu ser.

5.76 Hay un poder
que fluye de Dios para ti.
Hay un corazón
que está dispuesto a recibirlo,
es el tuyo.
Cristo te ama
y obra para ti,
pronto saldrás de la tristeza.

5.77 Cuando tú tienes la razón
en algo,
aunque te parezca absurdo
lo que digas o hagas,
Dios te respaldara y dará
descanso,
para tu alma.

5.78 Dios está tomando
las mejores decisiones
para tu vida,
tu caso no ha sido archivado,
lo tiene en sus manos,
lo está analizando
y le pondrá su firma y sello

5.79   Las aguas de la desesperación
llegan con fuerzas,
pero cuando Dios
decide retirarlas,
entonces,
las aguas de la abundancia
serán
las que a ti,
llegaran con fuerzas.

5.80   La vida celestial
se hace más grande
cuando el amor de Dios
supera la basura,
y todo lo que nos hace
sentir inferior.
Nada tiene valor en la tierra.

5.81   Los problemas se forman
como muros de piedra,
pero cuando Cristo toma el
control,
los desvanece como espuma,
creando mejores alternativas
para tu vida.

5.82   Dios quiere demostrarte
su gran amor
también ayudándote
a resolver los problemas,
el requisito es que confíes
en El,
y no te desesperes.

5.83 El que actúa con amabilidad
y serenidad
ante las fieras,
al final
será el ganador.
Cristo quedara en alto
y tú,
más fiel
a tu creador.

5.84 El mejor descanso
es cuando tu espíritu
le da más importancia
a Dios,
que a las cosas del mundo.

5.85 La calidad
está basada en la inversión,
materiales y precios.
Cristo te hizo a ti,
con calidad.

5.86 Aunque vengan a tu mente
pensamientos negativos
y que tu vida se ha estancado,
no es así,
Cristo está obrando
y te dará los mejores resultados.

5.87 Hasta el mismo sol,
un día dejara de brillar,
así también,
tus preocupaciones
un día dejaran
de atormentarte.
Cristo, el eterno,
cambiará tu situación.

5.88   Las bendiciones
no tienen reversa
ni disminución.
Lo que Dios te ha asignado,
sin duda, llegara,
no te desanimes,
porque siempre tendrás
la ayuda de Dios.

5.89   Dios le dijo a Josué
que la tierra prometida
se la entregaba,
pero se enfrento
a 32 guerras previas.
No te desanimes,
lo que Dios dijo
que era para ti,
es tuyo.

5.90   Dios le cambia colores
al paisaje
todos los días,
Él se ocupa de los detalles
para la vida.
Dios también se ocupa de ti
y cambiara
lo malo en bueno.

5.91   Si no puedes correr, camina;
si no puedes caminar
deleita tu alma
sobre las pistas maravillosas
de la fe.
Una medalla te espera.

5.92 Si se te cae un ladrillo,
eso no significa
que toda la pared
se te vendrá abajo,
Cristo es la base
y te dará un diamante.

5.93 En el idioma del cielo
no existe la palabra adelantar.
Todo llega en el momento
establecido.
Mantén la calma y la cordura,
se amable y tierno.
Dios no fallara.

5.94 Dios invirtió su tiempo
en cada partícula de arena
y en cada polvo de estrellas.
Dios también dedica su tiempo
en ti,
piensa en ti,
y te ayudara en todo.

5.95 Cuando cantan las aves es
porque tienen alegre el corazón.
También Dios
puede alegrar tu vida
por una razón:
"porque te ama"

5.96 En el amanecer y el atardecer
la luz solar es tenue,
suave y acariciadora.
Lo mismo es el amor de Dios,
y en cada momento de tu vida
está contigo.

5.97 Todo camino áspero y difícil
tiene un final.
Toda circunstancia ofensiva
y ambiente hostil,
tiene un final.
Cristo convertirá todo
hacia una senda triunfal.

5.98 La pieza que falta,
Cristo la tiene,
confía en El,
esa es una de las mejores
alabanzas,
para Dios.

5.99 Hay lugares
a los cuales
tu ser se niega a ir,
pero Dios desea que vayas,
no tengas temor,
El pondrá sus palabras
en tu boca,
todo saldrá bien.

5.100 Vivo lo que Dios
me hizo vivir,
Hago lo que Dios
hizo conmigo,
Y hare lo que Dios
conmigo hará.

CAPITULO VI

Proverbios gloriosos

6.1 A su tiempo aparecen las flores
y las plantas reservadas en las semillas,
así también vendrán
a tu vida,
las grandes bendiciones
reservadas en el cielo.

6.2 En cada etapa de tu vida
Dios pondrá todo lo que necesitas.
Si con el paso del tiempo
tu cuerpo se enferma,
Dios también cuidara de ti.

6.3 A la mitad el día brilla más
el sol.
A la mitad de la vida brilla
más Dios.
Él sabe, cuanto necesitas
de Él, y viene en tu
socorro.

6.4 Si ya no puedes escalar los
montes, ni correr como
gacela, escala las alturas
del amor de Dios,
y como lirio,
disfruta de los collados
de la esperanza divina

6.5 Siempre vendrá una gran
victoria que sobrepasara
los obstáculos,
y repondrá tus perdidas.
Sonríe ante lo incierto
y acaricia la esperanza,
en Dios.

6.6 Tú también eres un sol
y Dios te ha concedido,
el poder para dirigir las
las orbitas de muchas
cosas,
actúa con sabiduría
y manifiesta tu autoridad.

6.7 A ti, que amas a Dios,
El no tocara a tu puerta
para entrar,
Él ya está contigo siempre.
Disfruta de su presencia
y de todo lo que por ti
está haciendo ya.

6.8 El camino de la fe,
tiene senderos que te harán
sentir la muerte,
pero al final
se cambiara tu suerte.
Dios te dará lo mejor.

6.9 Cuando se llena el alma
de cosas que satisfagan
tus emociones,
entonces te olvidaras
de los demás.
Si te llenas de Cristo
disfrutaras de la vida.

6.10 Cuando Dios derrama la lluvia
cada gota de agua
tiene un sitio asignado
hacia dónde dirigirse.
Cuando Dios derrama sus
bendiciones,
cada una de ellas
ya las está esperando tu ser.

6.11   Somos tan insignificantes
que solamente la misericordia
de Dios,
nos hace estar vivos
y solicitarle cosas,
para nuestro beneficio
cuando solamente tenemos
que esperar.

6.12   El universo,
Dios lo construyo con fe.
El mundo, se sostiene con fe
y se mantiene cambiando,
gracias al cumplimiento
de los deseos de aquellos,
que vivimos por fe.

6.13   Dios te ayudará
con todos los problemas
y las deudas,
Él siempre quiere ayudarte,
sé prudente en tus acciones
y vive moderadamente.
Dios te fortalecerá.

6.14   Para cada dificultad
Dios tiene una solución,
y para cada abatimiento
Dios tiene una dosis
de contentamiento.

6.15   Las aves preparan sus nidos
para sus polluelos.
Dios te preparo a ti,
para depositar
las más grandes bendiciones
de su amor.

6.16 El mundo es injusto
y busca beneficios sin
sacrificios.
Cristo es justo y te restituirá
las pérdidas.
Todo tu esfuerzo
vera la recompensa,
No te deprimas.

6.17 No dejes pasar mucho tiempo
luchando solo con tus
problemas, habla con Cristo,
y exponle tu caso,
Él siempre te ayudará
y pondrá todos los medios
para que seas libre.

6.18 Las caricias que siempre
debes valorar, son aquellas
que siempre lo han sido.
No te emociones ante lo nuevo,
porque está lleno de vanidad.

6.19 Están los que llenos de energías
las queman,
en los afanes del mundo.
Pero también están los débiles,
que buscando a Dios,
siempre lo encuentran
fácilmente.

6.20 Cuando sientas que las
cosas salen mal,
atrévete a sonreír,
luego Cristo te mostrará
que tal situación, fue el camino
para que todo
saliera mejor.

6.21   Siempre habrá algo
       que deseas cambiar en tu vida,
       comienza hablando con Dios
       y terminaras viendo
       tus deseos cumplidos.

6.22   Están los que no permiten
       que nadie mire su universo,
       y solamente
       reflejan amargura.
       Pero están los que comparten
       su universo,
       y estos son los que brillan
       ante Dios,
       y ante el mundo.

6.23   Dios tiene un gran cuidado
       de que en tu vida,
       se mantengan firmes
       la humildad y la lealtad.
       Por esa razón, la prosperidad
       te la envía en forma gradual.

6.24   Dios, en su creación
       combinó los más bellos
       colores, pero también
       en tu vida,
       esta combinando lo mejor
       de sus amores.
       La tristeza pasara
       y vendrán días mejores.

6.25   Cada bendición
       tiene su fecha asignada
       por Dios,
       pero también están
       las que a diario te envía,
       incluyendo la sanidad,
       su amor y su poder.

6.26 No busques oro
en una mina de carbón,
ni carbón
en las cenizas apagadas.
Busca el rostro alegre de Dios
porque El siempre estará,
agradecido contigo.

6.27 Ver una flor
es ver el paraíso,
y la sonrisa de un perro,
más que mil sonrisas,
la vida es contraria a Dios,
por esa razón,
te sostiene
con todo su amor.

6.28 Hay cosas
por las cuales
Dios te envía a ir por ellas,
pero también existen otras
que El las hará llegar a tus
manos,
ambas vienen
de su gran amor por ti.

6.29 Cuando hay amenaza
de tormenta,
todos se preparan.
cuando hay aviso
de lluvia de bendiciones,
son pocos los que van
por esas aguas.
Dios te ama
y te bendecirá.

6.30   Muchos sufrimientos
vienen por darle importancia
a cosas, que no tienen
importancia.
Quita tus pensamientos de ellos
y veras, como lo grande de
Dios fluye en ti.

6.31   Para cada tiempo
hay un tormento,
pero también hay una solución.
Dios tiene todo preparado,
y el bien,
será mayor que las angustias.

6.32   Para hacer el color gris,
se mezcla el color negro
con el blanco.
Para hacer el color verde,
se mezcla el color amarillo
con el azul,
pero para hacerte feliz,
Cristo mezcla su corazón
con el tuyo.

6.33   En la Palabra de Dios
se habla de hechos históricos,
pero la historia
Dios la continúa escribiendo,
tú eres parte de su plan
y saldrás victorioso en todo.

6.34   Cuando sientas
que tu cuerpo
se cae por pedazos,
aun no es el fin,
es tiempo de restauración.
Dios te está renovando
para la nueva etapa
que viene a tu vida.

6.35   Dios envía frescura y calor
a la tierra,
pero cambia los climas,
no los deja fijos.
También tus males pasaran
y te cubrirá el bien
y tus anhelos mejores.

6.36   Tiernos y suaves
son los rayos del sol
al amanecer,
igual son los cuidados
de Dios para ti,
cuando te sientes
desfallecer.

6.37   Cuando Cristo
hizo las estrellas,
las produjo por millones,
pero cuando te hizo a ti,
produjo millones
de bendiciones
que te serán entregadas
en diversos tiempos.

6.38   Al que soporta el
camino áspero, duro
y difícil.
Dios le dará después,
una vía suave, justa
y apacible.

6.39   Si alguien te niega algo
no te preocupes,
Dios te dará algo
mayor y mejor.

6.40 Si hay muchas cosas que
de este mundo te disgustan,
es tiempo de cambiar tu actitud.
Tu vida se verá favorecida
con ello.

6.41 En este instante,
Dios está haciendo
algo muy importante
para ti.
Tu corazón se alegrara
y tu vida cambiara.

6.42 Hay días en los cuales
hasta las aves
dejan de cantar,
pero luego
vendrán momentos,
que las harán inspirar.
Tú eres una obra maestra
y Dios te dará motivos
para cantar.

6.43 Las comodidades
hacen disminuir la fe,
por esa razón,
Dios permite
que ciertas necesidades
nos aflijan,
pero siempre nos ayudará
a salir de ellas.

6.44 Es mejor estar en paz
y sin tener nada,
que aferrados
a un presente inexistente,
amargarte la vida.
Cristo es tu vida
y tu futuro.

6.45 Que los intentos fallidos no
hagan apagar tu fe,
mantén viva la esperanza,
porque finalmente
Dios te coronara con
abundancia.

6.46 Al que espera en Dios,
aun en todas las turbulencias
de la vida,
Él le concederá grandes
bendiciones en completa
calma.

6.47 Antes del dolor
esta el alivio,
antes del universo
esta Dios,
y antes de tus problemas
ya Cristo,
tiene la solución.
Sonríe,
y se completamente feliz.

6.48 No sabemos
la función de las estrellas,
pero si sabemos
la función de Dios,
es amarte de la mejor forma,
por eso,
siempre tendrás
su ayuda en todo.

6.49 El que hace las cosas
de buena voluntad
siempre tendrá,
la aprobación de Dios
y su recompensa.

6.50   La mejor muestra de amor
es aquella que le das a alguien
que jamás podrá
hacer nada por ti.

6.51   Todo el amor que diste
cuando eras un árbol
frondoso,
Dios te lo multiplicara
aun cuando te sientas,
parte del terreno borrascoso.

6.52   Del desierto salió agua
y de una vara seca, hojas.
Dios lo hizo.
También tus células muertas
volverán a la vida
y tus huesos débiles
serán fuertes.
Dios te ama

6.53   Hay algo más
que solamente vivir,
y es también disfrutar
de las grandes bendiciones
del Reino de los cielos,
en él está todo incluido,
inclusive los milagros.

6.54   El que tiene frio busca el
calor, y que se calienta
busca la frescura.
Pero el que se quema de
dolor, busca a Dios,
y siempre lo encuentra.

6.55 Con el paso del tiempo
podrás ver como un paisaje
fresco, la recompensa de
Dios,
por tu fidelidad.
Los quebrantos de hoy
pronto serán historia.

6.56 El valiente espera
que las condiciones
estén listas para avanzar,
pero los hijos de Dios
esperamos en El,
para poder continuar.

6.57 Las circunstancias actuales
no determinan la esencia de
tu personalidad,
esa la delimita Dios
y siempre te dará,
lo mejor de Él.

6.58 Dios estableció dos fuerzas
para hacer flotar a los planetas
y a las estrellas,
pero a ti, te sostiene
con la fuerza poderosa de su
amor y nada te podrá vencer.

6.59 Dios tiene grandes adoradores
en el desierto,
y aun cuando ellos piensan
que son polvo olvidado,
son los que deleitan
al cielo,
con su fe y paciencia.

6.60 También nos corresponde
el derecho a guardar silencio
y ante Dios esperar,
cuando nuestro ser nos grita
que Él nos ha de olvidar.
Cuando tal pienses,
más te ha de amar.

6.61 También hay cosas buenas
grabadas en tu alma,
las cuales dan testimonio
del amor de Dios para ti.
Las dificultades de hoy
jamás podrán borrarlas.

6.62 Hasta las águilas viejas
encuentran un nido
en donde reposar
vamos!
sal de esa tristeza
porque Cristo viene hacia ti
y te hará alegrar.

6.63 Esta noche nuevamente
brillaran las estrellas
y también tu corazón,
al saber que Dios te ama
y siempre piensa en ti.

6.64 Cuanto veas que una dificultad
te espera a largo plazo,
no esperes que corra el tiempo.
Acércate ante Dios
a corto plazo,
y llegado el tiempo
veras la solución.

6.65   Dios es justo y sabe de las
cosas por las que has tenido
que sufrir,
Él te dará lo correcto
y cumplirá tu anhelado deseo.

6.66   Refresca tu alma en la paz de
Dios, no te satures asignándole
mucha importancia,
a las cosas temporales.
Cristo es tu aliento.

6.67   Los materiales de la tierra
se deterioran,
pero no los celestiales.
Dios puede darte de ellos
e incorporarlos en tu vida
en forma de milagros, sorprendentes.

6.68   Todo camino tiene un final
y toda prueba también.
El camino de Dios
tiene agua y pan;
salud y esperanza.

6.69   Los cambios forman parte
del universo en general
no te desesperes,
Dios tiene cambios
sorprendentes para ti
y son parte,
de su amor y comprensión.

6.70   La agenda de Dios jamás
está llena El atiende todos
los casos, el tuyo es especial
y está preparando,
lo mejor para tu vida.

6.71   El salario terrenal es para
sobrevivir pero el celestial
es para supervivir.
Dios tiene un salario
para ti, el cual te entregara
por tu fe probada.

6.72   El Reino de los cielos
también te concede el derecho
para ser feliz,
espera confiado la maravillosa
oportunidad que se te concederá
en esta vida.

6.73   Dios tiene bendiciones
y galardones
para cada edad,
las tuyas serán grandiosas
por tu fidelidad.

6.74   Si con un punto de apoyo
y una palanca,
se puede mover el mundo.
Dios también te puede dar
un punto de apoyo,
y una palanca para ayudarte.

6.75   Dios te abrirá camino hasta
en los lugares intransitables.
Él puede librarte,
de todos los problemas.

6.76   Cuando creas que la vida
no tiene sentido ni objetivo
recuerda que eres eterno,
y que esta vida solamente
es un periodo corto.
Ten fe en Dios,
y Él te sostendrá.

6.77 Que el bien que das llegue
a tiempo de que se pueda
disfrutar,
cuando sea tarde y no lo
hiciste antes, en el mismo nivel
de las cenizas se ha de contar.

6.78 A veces, las circunstancias
negativas,
te hacen dudar y te llenas
de temor,
pero no es el acabose,
sino que la ayuda de Dios
hará que tu corazón rebose.

6.79 Según tu estado de salud,
así veras los días,
por esa razón
es mejor decir:
"esto también pasara"

6.80 Dios envía lluvia y viento
con medida para no estropear
a las flores.
También a ti, te envía grandes
grandes bendiciones y controla
los sin sabores.

6.81 El mundo es sostenido
por los cuidados de Dios,
pero para ti,
desde el cielo se ha
asignado un trato especial
para tu vida.

6.82 Cuando vengan los días áridos,
monótonos, aburridos y sombríos,
Dios siempre,
buscará la forma de hacerte,
alegrar el alma.

6.83   Cuando los vientos de tristeza
comienzan a golpearte,
una lluvia de alegría,
Dios ha comenzado
a prepararte, y todo será
distinto a lo que quiso
atormentarte.

6.84   Nuestra fe en Dios,
hace que a nuestro alrededor
sucedan cosas especiales,
las personas sonreirán y
luego nosotros nos sentiremos
fortalecidos.

6.85   Cuando el camino se ve dificil
y el cielo parece de hierro,
es tiempo de clamar a Dios
con los suspiros del alma.
El siempre tendrá compasión
para ti.

6.86   Asígnale el valor de riquezas
a lo poco que tengas,
y serás más feliz
que los que viven endeudados
y aparentan tener mucho.

6.87   En el mundo de los seres
vivientes, las enfermedades
nos hacen vivir la muerte,
pero Dios,
nuevamente nos dará vida
y emprenderemos días,
mejores.

6.88   Dios siempre responde
las oraciones,
no importando si eres un
guerrero victorioso,
o si te sientes destituido
de su gracia.

6.89   Siempre has tenido tiempo
para regar las plantas,
ahora es tiempo de regar
tu alma,
tener deseos de vivir
y ser sanado.
Dios te ayudará.

6.90   Cuando reclamas atenciones
de los demás,
estas empezando a morir,
pero cuando das amor,
de una forma sorprendente
vendrá a ti un gozo,
como brisa fresca.

6.91   Para esos días
en los cuales sientes
que tu cuerpo no responde
y está lleno de dolor,
clama con fe,
porque en tu ayuda
viene el divino redentor.

6.92   Las heridas, sean leves o
profundas sangran y cicatrizan,
pero el alma,
solamente Dios la sana
confía en El,
y serás libre del pasado.

6.93   Dios frente al fuego, terremoto y
        tempestad mantiene la calma,
        haz tú lo mismo,
        porque El contigo esta.

6.94   Un grano de arena,
        una gota de agua
        y un océano,
        tienen el mismo valor para Dios.
        Pero tú, vales más
        que un diamante
        y una estrella para El.

6.95   Si los pensamientos te invaden
        diciendo que estas en el lugar
        equivocado, eso no es así,
        porque Dios te ha hecho
        valiente y victorioso,
        y siempre veras su gloria.

6.96   Estar en paz con Dios
        es confiar en Él,
        en medio de las tormentas
        eso hará que las huestes,
        demoniacas se alejen de
        de ti,
        en completa derrota.

6.97   Los atardeceres traen calma
        y nostalgia,
        pero las tardes con Dios
        son más hermosas,
        porque podemos ver
        desde la ventana
        a Dios,
        cuidando nuestras vidas.

6.98 Un amanecer lluvioso
es agradable,
y las plantas lo reflejan,
pero un amanecer lleno de fe
te hará fortalecer,
las enfermedades se marcharan
y tu ser rejuvenecerá.

6.99 Nadie podrá saber
los niveles de sufrimiento
de tu alma, solamente
Dios,
pero recuerda que El,
no solamente te ama
sino que también,
está obrando a tu favor.

6.100 El juego mas importante
es en el que tu participas,
CRISTO es el Capitán.
La victoria está asegurada.

CAPITULO VII

Proverbios resplandecientes

7.1 Cuando sientas que tus
cargas son tan pesadas,
que vas a sucumbir,
lo que en realidad
está pasando es que
Dios con todo poder,
a ti, ha de venir.

7.2 Siempre habrá alguien
que doble sus rodillas
y ore por ti,
también siempre habrá
una gran respuesta de Dios
para ti.

7.3 Las palmeras del desierto,
aunque les invada la soledad
y el ardiente calor,
no sucumben ante el dolor
porque sus raíces
buscan el agua.
Cristo es tu ayudador.

7.4 Si las cosas no están saliendo
como querías,
no te desanimes,
porque para Dios
las cosas están saliendo bien
y pronto veras
el giro maravilloso en tu vida.

7.5 El sufrimiento
también forma parte
de la vida que Dios nos dio,
pero así como las olivas trilladas
dan aceite,
finalmente tu dolor
será convertido en gozo.

7.6   Si hoy has podido ver
o sentir el sol,
es porque un nuevo día llegó,
pero si has podido
sentir la fe en tu alma
es porque Dios
te está visitando.

7.7   Cuando sientes que nadie
te ama y que los días son
peores,
es el mejor tiempo para Dios,
porque es el único
que te ama,
cuando nadie mas
te lo puede demostrar.

7.8   La parte del tiempo eterno
que Dios te asigno,
después de tu obediencia,
incluye grandes galardones.
No todo está perdido,
lo maravilloso está en camino.

7.9   Enmedio de la batalla
solamente triunfamos
los que estamos con Cristo.

7.10   Pareciera que cuando pasan
los días todo se queda peor,
pero Dios está haciendo los
los cambios,
tu etapa de decadencia
será retirada y vendrán los
días de la sonrisa.

7.11   Hay muchas cosas
que cuando vienen a tu mente,
te deprimen.
Pero Cristo viene a tu vida
y te levanta,
porque te ama y te cuida
siempre.

7.12   Después de una fuerte actividad,
queda una sensación
de satisfacción.
Dios está trabajando fuerte para
ti, limpiando tú camino
y preparando manantiales.

7.13   Cuando piensas que menos vales,
es cuando mas te estima Dios,
y la gran oportunidad de tu
vida, se gesta como estrella
naciente.

7.14   Dios prometió un límite al dolor
y un final al sufrimiento.
Siempre lo cumple,
tu estas en su lista de los elegidos,
y la etapa de los dias dulces,
te espera.

7.15   También se puede ser feliz
fuera de las areas mundanas.
Solamente toca la puerta
de la casa de Dios,
y veras como Él te la abre.

7.16 La fe, siempre se toma
un tiempo de espera,
el cual parece interminable,
pero cuando Dios dice
"hoy es el día",
entonces te concederá
una lluvia de bienes.

7.17 Cuando las imposibilidades
te rodean como nubes grises,
recuerda que Dios te ama,
y las disipara,
dejando libre el espacio
para tus días claros.

7.18 Hasta las hojas
cambian de color,
y también tu vida
los tendrá,
aquellos que Dios
considera,
más convenientes para ti.

7.19 Si los problemas
te han cubierto
como lo hace la tierra
con las semillas
en invierno,
ten fe en Dios,
porque saldrás a la vida
con nuevas fuerzas
y frutos.

7.20   En los casos que se tiene
       desventaja,
       y nada podemos hacer
       para solventar
       las cruces de dolor,
       solamente Cristo sabe tu
       clamor,
       y te ayudara
       con su grande amor.

7.21   Si a pedazos
       te sientes desintegrar
       por lo que la vida
       te quiso dar,
       aun no es el fin,
       porque Cristo
       te ha de ayudar
       y a nuevos pastos
       te habrá de llevar.

7.22   Pareciera imposible
       que el lugar que ocupas,
       sea el más acertado de Dios,
       pero es así,
       y Él te confirmará que estas
       en la perfecta voluntad celestial.

7.23   La mejor forma
       de hablar con Dios,
       es obedecer.

7.24   Quedarse acabado
       y sin nada,
       solamente es una gran
       oportunidad para que Dios
       llene tus vasijas,
       graneros, estantes,
       billeteras,
       y también tu corazón.

7.25 En lo torcido,
lo árido y empobrecido
es el mejor campo de acción
para Dios.
Él sabe trabajar allí
y solucionar,
los problemas y conflictos.

7.26 Una de las cualidades
más hermosas de Dios,
es su compasión.
El, jamás pasara por alto
tus lágrimas,
las ve,
y te entregara dadivas increíbles.

7.27 Dios te creo
antes que a la tierra,
no te deprimas
frente a los problemas.
Dios te ayudara
porque te hizo con amor
y siempre te sostendrá.

7.28 La fuerza del mundo
no puede sujetar
a los que poseemos
el sello de Dios.
Nuestra fuerza viene de Él,
por esa razón,
siempre seguimos
confiando en su poder.

7.29 No midas a los amigos
ni a los conocidos
por lo que han hecho por ti,
sino por lo que tu
has hecho por ellos.

7.30   Poner nuestra vida
       en las manos de Dios,
       jamás permitirá
       que nos salgamos del control,
       las tinieblas huirán
       y las situaciones difíciles,
       serán eliminadas.

7.31   Es hermoso cuando llueve
       y estas bajo un techo,
       pero,
       aun es más hermoso
       cuando te sabes protegido
       por Dios.

7.32   Los días más pesados
       hacen doler el alma,
       pero después,
       el sacrificio
       se convertirá en fragancia
       de obediencia para Dios.
       No te desanimes!

7.33   Si tu vida se encuentra
       estancada como las aguas
       de un pantano,
       es porque Dios te tiene
       en espera para que recibas
       lo mejor de su mano.

7.34   Es impresionante el efecto
       de la sombra de un árbol
       bajo un ardiente sol,
       pero lo es, aún más
       el maravilloso efecto
       que tiene,
       el amor de Dios para ti.

7.35 Dios sabe decirte
cuando debes
continuar algo,
y también sabe
como decirte,
cuando debes parar.
Su lenguaje es con poder
y hace cambios estupendos.

7.36 Dios quiso dejarse ver llorar
y lo reflejo en tus lágrimas.
Dios quiso dejarse ver sonreír
y lo reflejo en tu sonrisa.

7.37 El rugido de un león
se escucha
a ocho kilómetros de distancia,
pero tu clamor
llega a millones
de kilómetros,
hasta el oído de Dios

7.38 La piel se aferra a la tierra
y el espíritu a Dios,
la tierra produce dolor
y Dios es restaurador.
Lo malo se volverá bueno
y lo podrido será sanado.

7.39 Nuestra vida pertenece a Dios,
nosotros,
únicamente cuidamos de ella.
Él es el encargado de cuidarnos,
brindarnos su aliento,
y su provisión.

7.40   Cuando hablen mal de ti,
toma el trago amargo
con calma,
a ti te pasara pronto,
pero al amargado
su laguna de tormento
le será incrementada.

7.41   Aunque parezca ilógico,
es mejor que llueva
cuando la tierra
esta reseca,
porque olerá grata
de agradecimiento.

7.42   Si pasas por la vida
en los senderos oscuros,
Dios estará a tu lado
iluminándote,
para que llegues
a sitio seguro.

7.43   Con el paso del tiempo
en muchas ocasiones
el ánimo se viene abajo,
pero aunque no lo veas,
Dios siempre estará
creando algo nuevo para ti.

7.44   Todo aquello por lo que se lucha
con persistencia,
firmeza y constancia
tendrá el resultado más grande.
Tu esfuerzo
no quedará en vano,
Dios te recompensará.

7.45 Si la dificultad próxima
es más alta
que tus posibilidades,
ya no sufras más,
tranquilízate
y confía en Dios.
Él ya tiene la solución.

7.46 Mientras tú confías en Dios,
sus ángeles se mueven
en diferentes lugares
abriéndote camino
y aplicando soluciones para ti.

7.47 Los días grises y tristes,
son los que dan paso
a los días de las más frescas lluvias
y a los jardines celestiales,
que son perfumes
en nuestras almas
quebrantadas.

7.48 Existe una ley de Dios
que aparte de su justicia,
se aplica
a todos aquellos
que le hemos servido,
y que por circunstancias
diversas,
nos encontramos en apuros,
esa ley se llama:
La bondad y la misericordia.

7.49   Ante la angustia,
el dolor hace sentir
del fuego su calor,
pero es la gran oportunidad
para que Dios
nos muestre su amor,
dejándonos libres
en sitios de honor.

7.50   Antes que salga el sol
ha salido Dios
con su bendicion.
Él te concederá
la más bella petición
que alegrará tu corazón.

7.51   De los niveles del amor,
Dios te quiere dar lo mejor.
Todo aquello que te haga sufrir,
en sus manos será controlado
y siempre,
te sentirás amado.

7.52   El amor de Dios para ti
es como el perfume de las flores.
Cuando la tribulación te toca,
hace que el poder de Dios
se aumente,
haciendo más grande el milagro.

7.53   La grandeza en el alma
se vive, sabiéndose plenamente
que dependemos de Dios,
entonces podremos ver
la provisión del cielo
y su eterna bondad.

7.54 Aquellas palabras
que un día
te alegraron
con fuerza profética,
tendrán su cumplimiento,
aunque hoy,
te sientas
en una zona desértica.

7.55 Si el inspirarse esta en ti,
también lo esta
el bloquearse.
Las más grandes
inspiraciones para vivir,
son las que surgen
cuando te encuentras
sin posibilidades.

7.56 Es mejor,
recibir la cosecha
mucho tiempo después
de la siembra,
porque la podrás disfrutar más.
Cuando los días sean pesados
vendrán a ser reposados.

7.57 La diferencia entre las nubes
grises y las blancas,
es que las primeras
llevan agua
y las otras no,
pero Dios
está viniendo a ti,
con bendiciones lluviosas,
no temas
a las nubes grises.

7.58   Las heridas en un árbol
con el tiempo cicatrizan,
las del alma siguen vivas,
pero Dios te sana,
te sostiene,
te hace vivir
y reponerte.

7.59   Si tus fuerzas
se están terminando,
es porque Dios,
algo nuevo
en ti,
está comenzando.

7.60   Los intensos rayos solares
mantienen verdes
a las plantas,
pero los tiernos cuidados
de los rayos
del amor de Dios,
te darán vida
aun en los días malos.

7.61   El creador del universo
también te dio a ti
el poder de crear,
inspírate!,
actúa
y veras,
como las penumbras
se disipan
al verte en acción.

7.62   Dios sonríe
cuando te ve gozar
por la bendiciones.
El también sabe deleitarse
contigo.

7.63 Todo tiene una función
en el universo:
los ángeles, demonios,
estrellas y microbios,
Pero la función
más importante
es la de Dios,
y es cuidarte a ti.

7.64 Hace falta una mesa
para servir los alimentos,
y también tu corazón agradecido
y lleno de fe,
para recibir
las abundantes bendiciones.

7.65 En momentos
que te sientes morir
por el desánimo,
y clamas a Dios,
como un polluelo
por el abrigo,
Él ya está obrando un milagro
que luego
veras contigo.

7.66 Los cedros,
los robles y los pinos,
no producen frutos dulces,
pero dan sombra y hermosura.
Tú, en cambio,
eres capaz
de producir ambas cosas
porque Dios está contigo.

7.67   Nunca digas no,
        ante un desafío
        que conlleva hacia
        algo provechoso,
        porque aunque parezca
        difícil,
        Dios te dará su apoyo
        y la fuerza de un toro.

7.68   Podemos ver la excelencia
        de la sabiduría de Dios,
        en cada cosa creada,
        sus detalles
        son asombrosos.
        El no permitirá
        que tu vida se desperdicie
        y te honrara.

7.69   La vida,
        es lo que creemos y pensamos
        y aunque parezca ilusorio
        para los débiles,
        al final seremos los triunfadores.

7.70   Ante la inmensidad
        de la obra de Dios,
        solamente podemos admirarla,
        pero también podremos contemplar
        la forma en que El,
        siempre pondrá en nuestras vidas
        un plan de solución.

7.71   Dios maneja las distancias,
        rutas, sensaciones de tiempo,
        niveles de gozo y dolor.
        No te desesperes más,
        porque el bien y la restauración
        también llegaran.

7.72   Las profecías
se toman mucho tiempo
en cumplirse,
pero las promesas de Dios
para ti,
no tardaran
y pronto se cumplirán.

7.73   Están los que hacen nido
enmedio de las tribulaciones,
pero están aquellos que vuelan
sobre ellas y se remontan,
hasta el abrigo de Dios.

7.74   La satisfacción
para el que prepara
los alimentos,
es que sea del agrado
de quien los comerá.
La satisfacción de Dios,
es que tú,
le des gracias
por tu vida.

7.75   Nada se pierde en la creación
de Dios,
lo que se quema
sirve de alimento a la tierra,
y la tierra misma
sirve de alimento
a las nuevas generaciones.
Despreocúpate,
y vive aún,
en medio de lo perdido.

7.76   Dedica un tiempo al reposo,
suspende todas las actividades
y deja que la paz de Dios
te cubra por completo.
Hasta las aves se refugian
en la sombra de los árboles.

7.77   Inspirarse es un sentimiento
que te lleva a crear algo.
Dios se inspira en ti,
y tú puedes inspirarte
para hacer cosas nuevas
en tu vida.

7.78   El mundo inventa
y miente para sobrevivir,
pero los hijos de Dios
confiamos en su amor,
y sus oportunos cuidados.

7.79   Dios creo a las piedras preciosas
en cantidades limitadas.
El también creo gente especial
en cantidades limitadas,
tú eres una de ellas.

7.80   Cuando sientas que has dado
un paso hacia el progreso
y confirmes que la mano de Dios
te guía,
no vuelvas atrás,
aunque recibas
atractivas ofertas.

7.81   Al que practica la justicia
aun dentro de su pequeño
mundo,
Dios lo pondrá
como administrador
de una galaxia.

7.82   Si tus fuerzas van menguando
y tus huesos comienzan a doler,
del cielo, un gran poder
se está enviando
para poderte socorrer

7.83   Dios está dispuesto
a darle sabiduría
al que la pida.
Pero también está dispuesto
a concederte
las cosas básicas
en tu vida.

7.84   Las lágrimas
son las mejores cartas
que Dios lee,
y las que promueven
las respuestas más
excelentes hacia ti.

7.85   Hay momentos
que pareciera que el cielo
se cierra ante los clamores,
pero pronto Dios
te los abrirá,
y te mostrara sus amores
mejores.

7.86   Hay un trabajo especial
para los que buscan
el reino de Dios.
Su salario
es una grandiosa bendicion.
Búscalo
y lo encontraras.

7.87   En muchos casos,
el problema
no es la falta de bonanzas,
sino la falta de amor.
Si no hay quien te abrace,
recibe el abrazo de Dios.

7.88   Dios hizo su obra completa,
incluyendo
el sustento y la salud.
Al que tiene hambre
se le dará su alimento,
y al quebrantado
su medicina a tiempo.

7.89   Dios tiene muchas formas
para manifestar su amor.
Déjalo que te arrulle con sus cariños,
déjalo que calle de amor por ti.

7.90   Dios conoce
todo el camino de sufrimiento
que a tu paso has encontrado,
pero también conoce
como hacerte sonreír,
concediéndote
los deseos de tu corazón.

7.91   Por estar preocupados
no vemos que la puerta
ya está abierta.
cálmate,
abre tus ojos
y entra.

7.92   A cada ser
       se le concedió
       a alguien en quien confiar y
       depender.
       Cuando te sientas desfallecer,
       y no tengas a nadie
       que te haga fortalecer,
       es a Dios,
       a quien tus ojos
       han de ver.

7.93   Si algo no te agrada
       y no esta en tu poder cambiarlo,
       déjalo así,
       porque con el paso del tiempo
       tú estarás en paz,
       sin líos y sobretodo,
       sonriendo
       al ver que todo
       surgió como tú pensabas.

7.94   Se necesita
       ánimo, fuerza e inspiración
       para cada día.
       Una cosa es lo que se ve por fuera
       y otra lo que se lleva dentro.
       Trata siempre,
       que Cristo este en ti,
       y todo será mejor por fuera.

7.95   No te compliques la vida,
       tu vida es un tesoro,
       guarda tu mapa en secreto,
       no lo entregues a nadie.

7.96 Cuando Cristo toque a tu puerta,
confía en El,
tus días serán iluminados
porque es más dulce que la miel.

7.97 Las flores saben que son hermosas,
porque Dios viene a verlas
cada día.
Tú eres una flor en forma
de ser humano,
y también deberías saber,
que diariamente
desde el tercer cielo,
Dios viene a visitarte.
Eso te hace hermoso.

7.98 Cada ser,
disfruta lo que ha visto,
y está satisfecho.
Cuando alguien viene y le habla
de algo nuevo
lo lleva a la curiosidad.
No te dejes llevar por lo nuevo,
disfruta lo que tus ojos han visto
y Dios te dejara ver
su inmensidad.

7.99 Siempre habrá
alguien más débil
y más pobre que tú.
Ayúdalo, y veras
como le da gracias a Dios
por tu vida,
cuando pensabas
que no valías ni servías
para nada.

7.100 Nada se inventará en tu camino,
tus días están contados,
las rutas,
alegrías y gozos,
triunfos y fracasos,
todo está definido.
Solamente tienes
una alternativa
para agradar a Dios,
y es, obedecer,
someterte a su voluntad
y esperar en El.
Si haces lo contrario,
tu plan será cambiado
por tu misma voluntad,
hacia la ruta que te alejara
de la presencia de Dios.

CAPITULO VIII

Proverbios con aliento de vida

8.1   Las uvas y los olivos
      siguen siendo iguales
      que en los tiempos
      de los patriarcas.
      El amor de Dios para ti
      es igual que el que mostro
      a Abraham, Isaac y Jacob.

8.2   Por cada paso adverso,
      hay un camino de bendición
      y prosperidad de parte
      de Dios para ti.

8.3   Esperaré por ti, Oh Dios!
      sabiendo que finalmente
      me darás,
      de las aguas que estuvieron
      reservadas en lo profundo
      de la tierra, para mí.

8.4   Una flor, un árbol y la brisa
      para formar un paisaje.
      Cristo, tú y la fé
      para formar un milagro.

8.5   Se puede disfrutar de las flores
      sin haberlas sembrado,
      se permite confiar en Dios
      aun cuando sientas,
      no merecerlo.

8.6   El conejo no tiembla
      porque es más listo
      que la pantera.
      Tú eres hijo de Dios,
      El todopoderoso
      y no debes temblar
      ante el adversario.

8.7 Las frutas,
     para dar su más exquisito sabor,
     permiten ser exprimidas.
     Dios sabe que tú
     eres su tesoro,
     porque aun enmedio de pruebas,
     le adoras y confías en El.

8.8 El sol quema la hierba mala
     y luego nace la buena.
     Dios también te hará ver
     su bondad siempre.

8.9 Es el Cristo, es el Mesías!
     efectivamente,
     ha venido a ti y será tu amigo
     y tu Dios, todos los días.

8.10 Cuando Dios te dice no,
     lo que te está diciendo es:
     "amado hijo, algo mas grande
     esta reservado para ti"

8.11 Cuando la marea esta alta,
     rompe las rocas e invade
     las costas.
     Cuando esta baja, solamente
     es un paisaje agradable,
     Dios tiene también para ti
     marea baja.

8.12 La energía para tu cuerpo
     viene de los alimentos.
     El poder sanador para ti
     y el ánimo para vivir
     viene de Dios.

8.13   El trabajo que conlleva
mantener al universo en orden,
es inimaginable,
pero ese mismo interés,
Dios lo dedica a ti,
y siempre tendrás
lo que necesitas.

8.14   Palabra de honor,
palabra de respeto,
palabra con promesa,
así es la palabra que Dios
te ha dado,
y con toda honra la cumplirá,
y tus ojos se alegraran.

8.15   Desde antes que se siembre
la semilla,
ya el agua esta lista
para alimentarla.
Desde antes que gimas
por un dolor,
ya Cristo
tiene la solución a tu vida.

8.16   Para edificar el templo de Salomón
se necesito mucho oro
y maderas escogidas.
Para edificarte a ti,
se necesito mucho amor de Dios,
su cuidado y su comprensión.

8.17   Se que estas pensando:
"Dios se toma mucho tiempo
en su proceso conmigo",
más El te dice:
"hijo mío, ya pronto veras
todo lo que te tengo preparado"

8.18 Mantén la firme convicción
que el día de mañana
vendrá con una provisión mayor,
que la que viste un día
en poder de otras personas.
Eres un vaso escogido
por Dios.

8.19 Mejor es no tener nada
sabiendo que Dios te enviara
siempre su ayuda,
que teniéndolo todo
quedarse sin nada,
alejados de Él.

8.20 Para Dios todo es posible,
y lo que es más grande
y valioso para ti,
te ha sido aprobado y concedido.
Espera el momento
de la entrega con alegría.

8.21 Desde antes que Dios
formara las estrellas,
ya tú estabas en su mente.
Desde antes que ellas
brillaran,
ya El te amaba,
te ama y te amara,
siempre eternamente.

8.22 Después del fuego queda
la ceniza,
luego viene el agua
y se la lleva sin prisa.
Después del dolor
viene Cristo,
y dejara tu alma
con una sonrisa.

8.23   Lo que Dios desea de ti
es que tengas fe,
Todo lo demás
corresponde a Él.
Peleara a favor de ti
y te dará el triunfo
junto con lo que deseabas.

8.24   Cada parte del universo
Dios la puso en el lugar perfecto.
A ti te hizo nacer
en el día perfecto,
y tiene preparada la solución
para cada dificultad,
no temas.

8.25   Las frutas primero fueron flores,
los milagros primero fueron
clamores,
y tú, eres de los hijos de Dios,
de los mejores.

8.26   Nadie puede refrenar
la llegada del día siguiente,
y nadie puede refrenar
el milagro de Dios
y el amor,
que por ti siente.

8.27   Si Dios te lleva a niveles
que sientes
no poder resistir,
es porque le está dando
un giro a tu vida,
y te llevara a los delicados
pastos y aguas de reposo.

8.28 Cuando las nubes van llenas
de agua, se sienten felices,
luego la dejan ir,
para dar vida.
Despreocúpate
si te sientes vacio,
porque Dios te llenara
plenamente y fluirás
como un río.

8.29 El pájaro carpintero
construye su casa
con la fuerza de su cabeza
y su pico.
Tú, construirás tu destino
con la fe en Dios,
quien premiara tu lealtad
y limpiara tu camino.

8.30 Las aguas visibles de un río,
vienen de ser subterráneas.
Las respuestas de Dios
vienen de tus oraciones,
y lágrimas.

8.31 Lluvia, brisa y humedad;
necesarias para la tierra.
El amor de Dios, su compasión
y sus milagros, esos son para ti.

8.32 Ahora somos hijos de Dios,
y como tales,
tenemos derecho
a todos los beneficios,
de ser familia directa
del Arquitecto del universo
y su inefable amor.

8.33   Los tiempos están establecidos
Por Dios con día y hora.
En todo momento te sostendrá,
pase lo que pase,
mientras uno a uno
se cumplen los acontecimientos.

8.34   Todos los que esperamos en Dios
y vimos su gloria;
los que vivimos confiados
en su amor le diremos:
"Te amamos Santo,
y te honramos por siempre"

8.35   Cuando sientas el duro golpe
del enemigo,
inmediatamente viene un golpe,
más fuerte que Dios le dará a él,
y tú quedaras victorioso.

8.36   Mejor es cuando se escribe
de corazón, porque lo podrá
entender el alma.
Mejor es cuando se vive por amor,
porque puedes ver la mano de Dios.

8.37   Amado Dios:
"Quiero tener un corazón como
el tuyo,
quiero agradarte con mi vida,
y ser un siervo que se deleite,
al ver tus triunfos y no los míos"

8.38   Aunque sientas que las aguas
te anegaran, no podrán llegar,
al nivel de cubrirte,
porque Dios las hará descender
y te pondrá en lugares altos.

8.39 El mejor descanso para el alma,
es saberse en paz con Dios,
y la paz de Dios
te renovara de tal forma,
que tu ser,
sentirá que ha vuelto a nacer.

8.40 Todo el bien que has sembrado,
ante Dios lo has cultivado.
Tu mente no es capaz de imaginar,
cuán grande es lo devengado,
porque llenaras los silos,
de lado a lado.

8.41 Al llegar la primavera
los arboles se visten de verde.
Cuando Dios te cambia la estación,
tú también te sentirás verde,
joven y con renovado corazón.

8.42 Quise decírselo a mi alma
y contárselo a mi corazón,
que Cristo en mi vida
es mi motivación,
y que me lleva de su mano
hasta su celestial mansión.

8.43 La mejor forma
para mantenerse en forma,
es agradar a Dios,
alejarse de las iniquidades
y ofrecer sacrificio de alabanza
con el corazón.

8.44   Estoy más cerca del corazón
de Dios,
lo puedo sentir,
puedo sentir que me ama,
y cuando oro me escucha
y me recuerda,
cuanto me ama!.
El es Dios,
mi amado Padre.

8.45   Comida caliente y agua fresca,
delicia para el cuerpo.
Fe y amor,
delicia para el alma.
Ambos te llegaran
por la fidelidad de Dios
para ti.

8.46   Todo lo que hayas perdido
en tu vida, Dios te lo devolverá
multiplicado.
Tus lágrimas de hoy
se lo han recordado,
El no fallará.

8.47   Se complace Dios
al ver su obra perfecta,
pero aun más,
se goza al saber
que enmedio del fuego
de las pruebas,
sigues creyendo en El.

8.48 Cuando el cuerpo ha sido
alimentado, aun las penas se
hacen a un lado.
Cuando Cristo viene a tu llamado
investido de poder,
te sentirás como un soldado.
El alimento te sustenta
por un tiempo,
pero Dios
lo hará para siempre,
El es tu agradable sustento.

8.49 La prosperidad que da el mundo
hace emocionarse a los impíos,
y la anuncian.
La prosperidad que da Dios,
hace hermoso
el corazón del creyente
y se goza silente.

8.50 Amado Dios:
Eres tan especial,
que haces operaciones sin dolor,
mi vida cambia para mejorar,
y desde diversas fuentes
me haces recibir tu amor.

8.51 En la mente de Dios estás tú,
por esa razón fuiste creado,
tu función en la tierra
va más allá de lo imaginado.
prosigue fiel
porque para Dios,
eres encomendado.

8.52 Por sobre todo viento huracanado
esta Dios,
y por sobre toda tempestad
en la vida, el poder de Dios
es superior.
El te hará llegar su paz,
y sus días de claridad.

8.53 Si el día estuvo lindo,
la tarde fue hermosa
y la noche estrellada,
eso te dará la idea
de la grandeza de Dios,
y un motivo más para decirle:
"Eres maravilloso"

8.54 No es más grande
aquel que trata de mostrar
sus ramas altas,
sino aquel que trata de mostrar
sus raíces profundas,
incrustadas
en el fondo de la tierra.

8.55 El hidrógeno y el oxígeno,
separados producen fuego,
pero unidos producen agua.
Cristo y tú,
juntos son un imperio,
eso es más que suficiente
para darle gracias.

8.56   Le pregunte a Cristo :
        ¿Cuando me asignaras mi trabajo
        en tu reino?
        y Él respondió:
        "Hace muchos años
        lo estas desarrollando,
        prosigue, porque
        desde el cielo
        se te está apoyando"

8.57   Cuando los cambios buenos
        los puedes observar,
        los puedes palpar
        y los puedes deleitar,
        es porque en tu casa
        hay alguien de rodillas
        postrado delante de Dios,
        y tu nombre ha de mencionar.

8.58   Siempre las cuentas terrenales
        te darán saldos negativos,
        pero las cuentas celestiales
        te dejaran,
        con saldos a favor.

8.59   Es una paz que puedes sentir
        que viene desde afuera.
        Es una paz especial
        que Cristo te está enviando,
        -la mereces-
        porque la has ganado
        con tu amor y con tu fe.

8.60   Cuando no sepas
        dar el próximo paso,
        no hagas nada diferente,
        pues Cristo se encargará,
        de todo lo que está en el frente.

8.61   El día de hoy
se construyó en un día.
El día de mañana
lo construye Dios,
con tu fe y con las muestras
de tu amor.

8.62   El fracaso terrenal más lamentable,
puede ser tomado en las manos
de Dios,
y convertirlo en un testimonio
de cómo su gracia lo elevará,
gloriosamente.

8.63   Dios puede tomar un ser
despedazado y magullado
y convertirlo en un arpa
de alabanzas,
Animo!
pronto veras,
tu milagro anhelado.

8.64   Cuando sientas
que una sequía espiritual
quiebra tu alma,
es la mejor señal
de que el tiempo de las lluvias
está llegando.
Cristo cuida de ti.

8.65   He visto tu amor,
tu bondad,
tu ternura,
y tu fidelidad
amado Jesucristo.
Después de todo eso,
el mismo universo
me parece poco,
porque contigo estoy seguro.

8.66   No permitas
que ningún viento de duda,
o circunstancia adversa
te haga temblar.
Mira hacia el cielo
y Cristo las hará huir,
como moscas espantadas.
Eres libre!

8.67   La vida se enmarca
en un principio y un final.
Dios es eterno,
no tiene principio ni fin,
y desea darte
bendiciones eternas desde ya.
Disfrútalas y se feliz!

8.68   La noche será hermosa
si dejas de ver las nubes
de problemas,
y abismos de dolor.
Visita al Espíritu Santo
y tendrás un amanecer,
distinto, despejado
y saludable.

8.69   Eres una muestra visible
de la perfección de Dios.
Deja que su luz
te alumbre para siempre,
y una a una
llegaran a tí
sus abundantes bendiciones.

8.70   Las peticiones e ideales que deseas
y has presentado ante Dios,
son únicas y te pertenecen.
Prepara el espacio
para recibirlas,
porque ya vienen en camino
hacia ti.

8.71   No hay porque aterrarse
ante la oscuridad de la noche,
ella no existe,
cuando la luz viene
la noche se va,
y lo mismo sucederá
a tus problemas,
Cristo los retirará de ti.

8.72   No olvides jamás,
que eres una expresión
original de Dios.
No aceptes
que los demás te cambien,
aférrate a tus ideales
porque Dios,
te ha inspirado
y te apoyara siempre.

8.73   Esta noche que se acerca,
no es más
que la plataforma
para elevarte
al encuentro con Dios,
porque de día
te traerá
una provisión sin límites
de su bondad.

8.74   Cuando sientas que tu cuerpo
        es una chatarra
        y no puedes dar ni un paso,
        di:
        "Dios mío, gracias porque aun
        hecho pedazos y sin fuerzas,
        puedo adorarte"

8.75   El Espíritu Santo
        está tratando de comunicarse
        contigo,
        ponte totalmente en paz
        y dile :
        "amado Espíritu de Dios,
        acá estoy para escucharte
        y cumplir tu voluntad"

8.76   Cada planeta gira
        en la órbita establecida por Dios.
        Tú también giras en el plan de Dios,
        y pase lo que pase,
        todo está en sus manos,
        no te preocupes más.

8.77   Si te falta algo
        o si tienes un dolor,
        no dediques tiempo
        a lamentaciones.
        Siéntate y dedica tiempo
        para la adoración a Dios,
        y la solución llegara
        puntualmente.

8.78   El día en que fuiste concebido,
       ya venias con una misión.
       No pienses que llegara
       el momento
       para cumplirla.
       Sencillamente
       desde que naciste
       ya la estas cumpliendo.

8.79   Dios tiene para ti
       un mundo de posibilidades
       infinitas,
       no limites tu fe
       ante lo que puedes ver.
       Espera confiadamente
       las cosas mayores
       que te han sido asignadas.

8.80   Eres parte del universo perfecto
       que Dios creó.
       Los errores y obstáculos
       son superados,
       por el inmenso amor de Dios
       para ti.
       Nada podrá detener el avance
       de tu vida,
       hacia la meta gloriosa.

8.81   Cristo dijo:
       "al que cree, todo le es posible"
       Tú eres parte del equipo
       que cree,
       y lo que es difícil
       o imposible,
       te será concedido
       con la firma de Dios.

8.82 Siempre estás en el corazón
de Dios,
y eso incluye el equipaje
para la vida,
un ciclo renovador
y una experiencia gloriosa,
para tu corazón.

8.83 Tu vida tiene una reserva
de amor, progreso y felicidad.
Ahora se abrirá
la puerta de la bóveda,
y te será entregada
desde el corazón de Dios.

8.84 Dios te dio la capacidad
para mejorar algo en el universo,
y es a ti mismo.
Eres importante para Dios
y siempre velara por ti.
Levántate poderosamente.

8.85 Tienes una personalidad divina,
Dios te la concedió.
Elimina cualquier pensamiento
de derrota porque Cristo,
te hizo un vencedor.

8.86 Ahora tu estas,
en el momento de la preparación
para recibir el milagro,
que has esperado con ansias.
Dios te lo ha concedido
en tu tiempo mejor.

8.87   No es más grande en la conquista
el que en la cima pone primero
su bandera,
sino aquel que da pasos firmes
en la ladera,
con fe en Cristo, la luz verdadera.

8.88   Están aquellos que fueron triturados
por la vida, mas a esos,
Dios les dio el poder,
y ahora son ellos
los que aplastan los obstáculos,
y los convierten en caminos.

8.89   Están aquellos
que el dolor no los partió
porque confiaron
en Jesucristo,
ahora Dios los pondrá en alto,
por esa fe hecha de hierro.

8.90   Toda fuerza negativa
será superada
por las fuerzas positivas,
y todo mal,
enfermedades y pobrezas,
serán superadas
por el amor de Dios.

8.91   Cuando sientas que tus
fuerzas han disminuido,
prepárate para recibir de Dios,
nuevas fuerzas,
salud para tu cuerpo,
prosperidad,
y crecimiento espiritual.

8.92 Dios está creando belleza
todos los días,
no se preocupa por los defectos.
Ven, acércate a El
y toma las cosas lindas
que su amor está produciendo.

8.93 Eso que no salió
como deseabas,
olvídalo!
Dios tiene algo mejor
para ti.

8.94 Con tus ojos
veras lo que crees.
Dios te lo dará,
cree en grande
haz a un lado la debilidad,
y la mediocridad,
borra el pasado
porque eres,
un conquistador.

8.95 Tú perteneces
a la eternidad de Dios,
y cumples una función
muy importante
en la tierra.

8.96 No hay nada más hermoso
que el amor de Dios.
Tú eres muestra de ese amor,
en ti esta el poder de Dios,
para disfrutar de la vida
y recibir,
la salud celestial.

8.97   Dios haga resplandecer
       su rostro sobre ti,
       y te alegre el corazón,
       concediéndote
       desde su banco de riquezas,
       todo lo que necesitas.

8.98   Los días cotidianos
       se vuelven aburridos
       y monótonos,
       pero los que comienzas
       antes de la hora,
       temprano y oportunos,
       son productivos,
       y bendecidos por Dios.

8.99   El tiempo no existe,
       pero nuestro cuerpo
       se deteriora.
       Dios existe, y a El
       le pertenece la eternidad,
       y el poder para sanarte.

8.100 Las duras realidades
       son como rocas del desierto
       y hacen arder el alma,
       pero Dios las puede cambiar
       como dulces panales de miel.

CAPITULO IX

Proverbios con un manjar
espiritual para tu alma

9.1   Los soberbios
      tienen un tiempo limitado
      para aplastar a los débiles,
      luego, Dios los trilla
      como a hojas secas,
      y los humildes
      son levantados en justicia.

9.2   Pueden existir lágrimas en tu ser,
      pero jamás te doblegues
      ante el dolor,
      Cristo te galardonará de favores
      hasta que te goces.

9.3   Estar en paz con Dios
      es confiar en El
      enmedio de las tormentas,
      eso hará que las huestes
      demoniacas se alejen de ti
      en completa derrota.

9.4   La luz, el agua y el aire
      hacen habitable al planeta tierra,
      pero la fe, la esperanza y el amor
      hacen habitable tu cuerpo.
      Dios cuida tu vida siempre.

9.5   Cada momento de tu vida
      tiene los cuidados de Dios.
      Cuando estas triste,
      su Santo Espíritu
      te cubre con una unción especial
      que te proveerá ánimo,
      y entusiasmo.

9.6   Las más grandes riquezas
son las que da Dios,
porque un día de su paz
es mejor que muchos días
con riquezas del mundo,
las cuales se esfuman.

9.7   No desistas
en tus metas, deseos y anhelos,
porque aunque hoy sientas
que no llegarás,
Dios te concederá lo mejor para ti.

9.8   Dios te recordará siempre,
que todos los problemas
tienen solución,
y que El te dará cosas
que para ti, son imposibles.

9.9   Habla siempre con Dios
y exprésale tus dolencias,
y alegrías.
El siempre vendrá a ti
con su gran amor y sabiduría.

9.10   Las pérdidas son dolorosas,
pero también son oportunidades
para que Dios te de algo mejor.

9.11   Cuando los vientos de tristeza
comienzan a golpearte,
una lluvia de alegría
Dios ha comenzado a prepararte
y todo será distinto,
a lo que quiso atormentarte.

9.12 En los días que no prometen nada,
mas que miseria y desolación,
y de tu alma no queden suspiros
ni motivación.
Desde el cielo Dios te enviará
un aliento nuevo y su unción.

9.13 La tristeza y el dolor
solamente son nubes pasajeras,
Cristo las disipara
y vendrán a ti,
etapas seguras
y con esperanza de gozo.

9.14 El bien y la misericordia
siempre agradan a Dios.
El te dará las más grandes
recompensas.

9.15 El mundo se adorna de luces,
colores y fantasía,
pero Dios te llenará a ti,
de grandes esperanzas
y su cumplimiento será
con amor y energía.

9.16 No es casualidad,
que a los arboles
se les caigan las hojas
y luego les nacerán otras.
Dios controla todo,
confía en El
porque tu también
veras su grandeza.

9.17 Dios está restaurando tu ser
de forma completa.
El está abriendo
un camino especial a tu vida
y es porque te ama.

9.18 Cuando Cristo hizo las estrellas
las produjo por millones,
pero cuando te hizo a ti,
produjo millones de bendiciones
que te serán entregadas
en diversos tiempos.

9.19 Puedes cambiar el mundo
si te decides hacer algo distinto,
sencillo pero inspirado.
Puedes cambiarlo, si tan solo
decides hacer algo distinto
pero pensando en Dios.

9.20 Siempre vendrá,
una gran victoria
que sobrepasara los obstáculos,
y repondrá tus perdidas.
Sonríe ante lo incierto,
y acaricia la esperanza en Dios.

9.21 Fuiste creado
con la máxima calidad
y el amor de Dios.
Nada podrá quitarte esos honores,
vive bajo esas columnas eternas.

9.22 Cuando los problemas
se enfilan uno tras otro sobre ti,
Dios enfila una cantidad mayor,
de soluciones.
Mantén la calma, Dios te ama.

9.23 Las grandes victorias
se entregan a Dios
y no se celebran.
No te distraigas
y mantente como un soldado
en alerta.
Dios confiará en ti y te honrara.

9.24   Cuando nos disponemos
para hacer algo
que honre a Dios,
El también nos honrara
grandemente.

9.25   Con la llegada de la lluvia,
la tierra se prepara para recibirla,
cuando llega la bendición de Dios,
todo tu ser se regocija.

9.26   Mantén la calma,
y aun más, en los días difíciles.
No te desgastes buscando
soluciones,
Cristo está viniendo hacia ti,
Y eso es lo que cuenta.

9.27   Ponte firme, invariable y sólido
ante todos los cambios de la vida,
Dios al ver tu fe, te concederá
grandes soluciones.

9.28   Para Dios,
tú vales más
que la tierra, la luna y las estrellas,
El es tu padre, te ama
y te dará la inspiración
para los siguientes días de tu vida.

9.29   Hay algo en ti,
que no es humano
que se niega a morir,
y a no aceptar ninguna derrota,
es algo de Dios
dentro de tu ser.

9.30 Nunca viene un problema solo,
siempre trae compañia,
para aumentar el tormento,
pero Cristo tiene el poder
para sostenerte y enviarte su ayuda
desde lo alto del firmamento.

9.31 Cuando veas al sistema satánico
operar frente a ti, déjalo.
Una vez agotados sus recursos,
veras al sistema celestial de Dios
ayudándote en todo.

9.32 Recuerda
que la fe, es la que toca
el corazón de Dios,
y que cada día recibirás algo
que es la respuesta
a cada una de tus peticiones.
No te desesperes.

9.33 A los fuertes en la fe,
los fracasos y el dolor
no los hace menguar,
sino que produce en ellos
un incremento en su fe
y más confianza en Dios.

9.34 Todos los árboles frutales
dan millones de flores,
y aunque muchas se pierden,
siempre la cosecha es abundante.
Tú eres escogido por Dios
y veras los frutos.

9.35 Para quitar un dolor,
hace falta
una dosis de sanidad mayor,
y para superar la aflicción
hace falta,
una dosis de esperanza.
Cristo tiene
ambas dosis para ti.

9.36 Dios hizo todo perfecto,
y sabe corregir lo que se deteriora.
No permitas que la angustia
Se apodere de ti.

9.37 Dios requiere de paz
para hacer su obra y ayudarte.
Tranquilízate y veras como,
cada parte de la solución
comienza a fluir,
como agua de un manantial.

9.38 Dios hablo,
y todo lo que dijo
fue para cumplirlo.
El dijo que te amaba
y eso es más que suficiente
para que tu fe se encienda.

9.39 Cuando recibiste algo muy bueno
Dijiste:
"esto viene de Dios"
luego lo perdiste,
pero eso también lo dirigió Dios.
Quédate quieto,
porque algo más grande
te será concedido.

9.40   Cuando llega la medianoche
       digo:
       "gracias Dios mío,
       porque me das el privilegio
       de abrazar dos días juntos".
       Luego un poder celestial me cubre
       y me ilumina Cristo.

9.41   Un eclipse hace opacar
       la luz del sol,
       las dificultades
       hacen entristecer a tu alma,
       pero el sol sigue vivo
       y Dios continúa amándote.
       Todo estará bien.

9.42   El día que Dios me retire de la tierra,
       me iré satisfecho de haber luchado
       y esforzado para no desaprovechar
       las oportunidades de engrandecer
       su reino.

9.43   Hice un instrumento de mi vida
       y todo lo que era basura
       lo lance a un contenedor,
       eso abrió el camino
       que refrenaba,
       grandes bendiciones para mí.

9.44   Hoy comprobé
       que cada atardecer es distinto
       pero cada uno, hermoso.
       Si piensas que tu vida
       es monótona y aburrida,
       eso pasará,
       porque vienen días
       preciosos para ti.

9.45   Siempre hay una aurora
y una puesta de sol,
también, después de un dolor
siempre habrá un júbilo.
Gózate!
Es el tiempo de tu puesta de sol.

9.46   Abner era fiel a Saúl
y Joab a David.
Mi corazón ama tanto a Cristo
y pienso, que aunque muy pequeño,
pero soy fiel a Él.

9.47   Dios mantenga siempre
iluminada tu casa,
tu familia y tu fe.
Dios tiene tu nombre
en los libros eternos.

9.48   Levántate lleno de júbilo,
no busques el tambor
ni joyas en el rio,
alegra tu corazón
con gratitud a Cristo,
porque El, a tu vida le da brillo.

9.49   A partir de este momento,
Dejo ir lo que no es celestial
y abro las puertas de mi alma,
para que Cristo
se muestre más en mí.

9.50   Esta noche di:
"Señor Jesús,
gracias por lo bueno
y también por lo malo
que me ha sucedido,
porque me ha servido
para aprender algo".

9.51 Cuando tengas un propósito
bueno, avanza confiado,
Cristo te apoyara en todo,
no desistas ante los obstáculos,
todo llegara a tiempo.

9.52 No olvides jamás
que Dios te ama,
piensa en ti, te cuida, te sana
y te prepara un futuro mejor.

9.53 Lo mejor en tí, es Cristo,
El es muy bueno y compasivo,
te ama y tiene amor para todos.

9.54 Dios te está llevando a etapas
que no son de este mundo,
el objetivo es que puedas disfrutar
de la gran abundancia,
que El tiene en el universo.

9.55 En esos días que llegan
sin haberlos esperado,
grises, cargados de tiempo y pesados,
también llega Cristo para ayudarte
porque para Él, eres su Tesoro amado.

9.56 La bendición de Dios
es más grande que toda dificultad,
y siempre quedarás con saldo
a favor en todas las áreas
de tu vida.

9.57 ¿Estas molesto por causa
de otras personas?
no permitas que ellos digan
que controlan tu vida,
deja que Cristo sea el único
que influya en ti.

9.58   La desesperación es un obstaculo
en el camino
el cual, es Dios quien lo pone
para que exista la oportunidad
de obrar, cuando tu nada puedes hacer.

9.59   Hoy observe sobre la hierba
unas flores con cinco pétalos
cada una, un diseño de Dios,
tú eres más que una flor
y no te faltara nada.

9.60   Refrescase la tierra
con el rocío de la lluvia,
refrescase tu alma
con el gozo de Dios.
Eleva tus pensamientos
hasta el amor de Cristo
y serás refrescado.

9.61   Hoy brilla la luz
de acción de gracias,
y hoy también brilla tu corazón,
sí, porque amas a Cristo.

9.62   La pimienta sazona las comidas
y el reposo a tu cuerpo.
Dios le dará valor a tu vida
y descanso a tu alma.

9.63   Por mas turbulentas
que estén las aguas,
siempre bajara su nivel.
Llegaras a la orilla
en donde Dios te espera
con brisa refrescante
y manjar rebosante.

9.64   Manifiestale a Dios
tus problemas y El te ayudará.
Dios es el admirable consejero
y dispone de los medios
Para apoyarte en todo

9.65   No es grande el que de sus proezas
hace un alarde, grande es aquel,
que sabiendo que el bien lo hace
perfecto, guarda silencio,
sonríe ante Dios.

9.66   Cuando te sientas impotente,
ofrece un sacrificio voluntario
a Dios, acorde a sus bendiciones.

9.67   Los cambios de clima
llegan en su momento justo,
y los cambios buenos para ti,
Dios también los envía
en el tiempo perfecto.
Confía, porque ya vienen
a tus manos.

9.68   En los momentos que pensé
tomar un descanso y no hablar
de Dios, entonces fue, cuando
una fuerza divina
y una voluntad de hierro,
me hizo hablar más de su amor.

9.69   El universo mismo,
siempre está en movimiento
aunque no se le perciba.
Dios ahora mismo,
Está trabajando para ti.

9.70　No golpees tu corazón
contra las rejas de la prisión
en donde Dios te ha puesto,
ese es el lugar
en donde debes servirle,
al final veras
tu gran oportunidad.

9.71　No vamos a negar
que hay momentos,
que se pierde de vista
el objetivo y la razón
para vivir,
-Dios lo sabe-,
Eso pasará y pronto te
te sentara ante la mesa
aderezada.

9.72　Los números negativos
no fallan en las matemáticas,
cuida los positivos con gran
cuidado,
Dios te honrara, y aún mas,
pondrá a tu lado.

9.73　La sabiduría viene despúes
del sufrimiento,
y el gozo, después de las lágrimas,
las cuales son el rocío de Dios
para el alma.

9.74　No midas tu vida
por los años vividos,
mídela por el día de hoy.
Ni siquiera el ayer se toma
en cuenta,
hoy ama a Dios,
hoy ama a tu prójimo.

9.75 A la casa de nuestro Padre,
se llega por el desierto,
no hay otra vía,
allí encontraras gavillas,
lagares y trillos,
no te lamentes,
vas a casa.

9.76 El agua es para las plantas
lo que Dios es para el alma sedienta,
el sol es grande
pero Dios es inmenso,
y además, te ama.

9.77 El tiempo de Dios
es distinto al tiempo terrenal,
el amor de Dios,
es distinto al amor carnal,
es mucho mayor,
es fiel,
y además, es recompensador.

9.78 No importa el esfuerzo,
ni todo lo que tengas que gastar
o invertir, para alcanzar
tus objetivos,
porque pronto te darás cuenta
que Dios lo valoró todo.

9.79 Dios está haciendo
grandes cambios en tu vida,
y tú también, debes hacer cambios.

9.80 Por las madrugadas
Dios nos habla con más intensidad,
lo compruebo cada día
y pido bendiciones
para cada uno de los que le aman.

9.81   Cuando estas fuera de casa
hay un ángel que te guarda.
Cuando entres a tu casa
hallarás a otro ángel
con una gran bendición
que Dios te envió.

9.82   Que el reino de los cielos
se ha acercado,
es una realidad.
No divagues ante los problemas,
párate firme,
con una fe inquebrantable
y recibirás el bien de Dios.

9.83   Cuando un milagro
ha entrado por tu puerta,
siempre llega Satanás
a cobrar impuesto
o a robar algo.
Ignóralo, gózate con Cristo,
tu regalo nadie lo podrá quitar.

9.84   No relaciones
ninguna de las cosas presentes
con tu pasado,
ellas no significan nada,
Cristo es tu Salvador, tu sanador,
tu libertador y tu proveedor.

9.85   El objetivo de las pruebas
es que rectifiques el error cometido.
Corrígelo sin vacilar,
y veras la forma milagrosa
con la que Cristo te va a ayudar.

9.86 No permitas que la oscuridad
del dolor,
enfermedad o angustia
te impidan ver las estrellas,
que de forma iluminada
Dios te está enviando,
por medio de grandes milagros.

9.87 El dolor y el placer
exigen atención
para el cuerpo,
y apartan al ser humano
del Espíritu de Dios.
Atiende el tiempo de Dios
y serás sanado de toda calamidad.

9.88 A donde quiera que vayas
sucederán milagros en tu vida,
pero no podrás verlos todos,
porque hay otros muchos
que no percibirás,
pero que están sucediendo.

9.89 Cuando oras por una persona
y esta es sanada,
tú eres bendecido.
Dios desea comunicarse al mundo,
con milagros,
no te limites, extiéndete.

9.90 Cuando estás en la paz de Dios
y recibes la solución a un problema,
inmediatamente se comienzan
a resolver todos los demás problemas.

9.91   El milagro de Dios
       no está sujeto al tiempo
       ni a las circunstancias,
       pide, cree y como un rayo de luz
       iluminara tu vida,
       porque esa es la voluntad de Dios

9.92   Ama y jamás ataques,
       Mantente tranquilo.
       Eso despeja el camino,
       serás sanado,
       prosperado milagrosamente
       y también podrás sanar a otros,
       con tu fe en Dios.

9.93   El milagro crece,
       desde el momento que nace.
       Hazlos nacer,
       cree y confía en Dios.

9.94   La fe,
       con la cual le pediste a Dios
       en aquellos días,
       no se ha borrado.
       Día a día han venido sucediendo
       cambios en tu vida,
       y los mejores
       ya están a tu puerta.

9.95   Cuando fuiste creado
       se te concedió todo,
       pero si algo se te perdió
       en tu vida,
       Dios lo restituirá milagrosamente.

9.96   En la quietud,
       todas tus solicitudes
       tienen respuesta favorable
       de parte de Dios.

9.97 Después de todo lo difícil de la vida,
vendrá el tiempo del refrigerio,
de la sabiduría,
y de cosechar con abundancia.

9.98 Toma las cosas con calma,
haz como el océano
que no se preocupa,
por todo el movimiento terrenal.
Confía en Dios,
porque eres un ser celestial.

9.99 Para cada acto de fe,
hay una respuesta de fe,
el miedo opaca la visión
hacia la verdad,
pero Dios desea darte
su eternidad,
en forma milagrosa.

9.100 La obra de Dios en ti,
no la conviertas
en una oración,
porque ya es una realidad
en tu vida.

CAPITULO X

Proverbios con oro celestial

10.1   Las cosas menos importantes
las puedes resolver tu.
Las importantes y difíciles
las controla Dios,
su asesoría te dejara satisfecho.

10.2   Los milagros de Dios
no tienen niveles de dificultad,
todos son manifestaciones de su amor.

10.3   Es una fórmula que nunca falla:
"te acercas a Cristo y te vas
con una gran bendición,
además de eso, también te honrara"

10.4   La verdadera liberación
no es ser libertado de las angustias
sino, ser libertados por medio de
las angustias.

10.5   Entre mas solo te sientas,
más cerca estas de Dios,
y entre mas presión llega a tu vida,
más cerca estas de tu liberación.

10.6   Tan solo por amor, puedes vencer,
es la mejor arma para derribar fortalezas,
vicios y ataduras.
Dios te apoya, ayuda a otros.

10.7   Nosotros, los hijos de Dios,
ya conocemos que el resultado final
siempre nos dejara como vencedores.
Por eso, ante cada situación,
esperamos en Dios, con paciencia.

10.8 Definitivamente comprobado
y asegurado,
eres una joya preciosa
en las manos de Dios,
y resplandeces
en la hermosura de su santidad.

10.9 Aunque el día este nublado,
siempre serás iluminado por el sol.
Aunque te sientas desanimado
Dios te hará mas que vencedor.

10.10 Si cuando haces el bien
recibes golpes,
no te detengas, prosigue,
porque más adelante
te darás cuenta
que el plan de Dios,
fue superior
que el plan del enemigo.

10.11 Lo que te ha dado Dios,
no es algo que cualquier viento
se lleva.
Lo que El te ha dado
es tan fuerte,
que nada ni nadie
te podrá separar,
de su santo amor.

10.12 A veces, cuando miras
tus oraciones anteriores
y las comparas
con los milagros actuales
que Dios hace por ti,
dices:
"Cuanto me ama Dios"

10.13   Existen muchos fondos
disponibles y cosas maravillosas
que Dios quiere dar,
a los que creemos en El,
y que somos capaces
de administrarlas,
y mostrarlas al mundo.

10.14   El maestro de Dios
aprende cuando enseña,
recibe cuando da,
se sana cuando se enferma
y cuando se vuelve pobre,
se hace rico.

10.15   Existe un lugar en la tierra
y un momento especial,
y es, cuando tú hablas con Dios.
el universo calla
para que te escuche,
el único creador.

10.16   Cuando el árbol es adulto,
los frutos son mejores.
Cuando tus días de fe
son muchos,
recibirás milagros mayores

10.17   La vida se forma de instantes,
los hay de gozo y tristeza.
Cristo no es un instante,
El es el todo,
La tristeza se disipa
Y queda el gozo.

10.18 Aprendí que las paginas
de la Biblia,
eran los pasos para mi vida.
Las grabe en mi corazón
y ahora ellas,
siempre vienen
en el momento oportuno
Para ayudarme.

10.19 Júpiter tiene varias lunas
y Saturno, anillos siderales,
pero Cristo tiene todo el poder
para que se cumplan tus ideales.
Eso te hace mejor
que Júpiter y Saturno.

10.20 El amor verdadero
es la playa, no el agua,
esta va y viene
pero la playa permanece.
Dios es tu playa
y tú eres su hijo amado.

10.21 La fuerza del amor de Dios,
está creando todos los días
las condiciones y provisiones
para ti,
porque eres su hijo amado.

10.22 Cada vez que ayudas
a una persona,
te queda la sensación
que hubo algo
que no pudiste hacer por ella.
No te preocupes,
Dios hará lo demás
Y te honrara.

10.23 Comida de ángeles
Le envió Dios a Elías,
¿y porque, no podría Dios,
enviártela a ti en estos días?
Claro que quiere y puede,
espérala,
porque ya se está cocinando.

10.24 Dios está cumpliendo su palabra,
y sus promesas son confiables
y seguras.
Así como llego este amanecer,
también llegara para tu vida,
el nuevo florecer.

10.25 Es inmenso el espacio de los cielos,
pero para Dios es pequeño,
y viene a ti, ante tu llamado,
siempre pronto y oportuno.

10.26 Dios no califica a sus hijos
por su posición terrenal,
sino por la posición del corazón.
Tu le amas, y por ello,
Te pondrá en la tierra
En una posición honorable.

10.27 La orbita de cada planeta
es invisible, la controla Dios,
y el resultado es perfecto.
Mantén la serenidad
en el viaje de tu vida,
Dios cuida de ti,
porque vales mucho.

10.28 Cuando tú ofreces a otros
sanidad, y cualquier otro bien
entonces Dios te dará a ti
para que continúes dando.
Cuando das, recibes,
es la ley celestial.

10.29 Mira la gran cantidad
de milagros que Dios te ha dado.
Ahora mira la gran cantidad
de milagros disponibles,
para otros.
Anda, ayuda a Dios a distribuirlos.

10.30 Después de esta vida,
existe la otra vida,
perfecta y eterna.
Dios está dispuesto a darte
unos adelantos preciosos,
de tus futuras posesiones.
Tómalos y disfrútalos.

10.31 Cuando el día
parece más pesado y difícil,
es cuando tendrás
una victoria contundente.
Animo!, hoy es tu día
para conquistar el triunfo
y para disfrutar de Dios.

10.32 La paz de Dios
fue creada para ti,
y ahora mismo
se está trabajando en el cielo
para proveerte del bien,
que tanto necesitas.
Eres parte fundamental
para Dios.

10.33 Ni las nubes tempestuosas
       ni las aguas turbulentas,
       podrán desviar la ruta
       que en tu vida,
       ahora es del agrado de Dios.
       El honrara tu paz
       por tu confianza.

10.34 Con la paz que Dios nos otorga
       venceremos al mal,
       las tinieblas están retrocediendo
       y nosotros veremos,
       la gran salvación
       de Dios en nuestras vidas.

10.35 Proverbio de la noche:
       "descansa, como si entraras en la
       eternidad,
       no desperdicies el tiempo,
       pensando en problemas,
       de eso se encarga Dios"

10.36 La mansedumbre surge,
       cuando no le tienes miedo
       a nada ni a nadie,
       entonces,
       nada puede evitar
       que estés jubiloso,
       y el miedo se hace imposible.

10.37 ¿ Que te hace manso?
       Te hace manso, cuando te sabes amado,
       y muy seguro
       de que te encuentras a salvo.
       Lo que suceda a tu alrededor
       no te puede afectar.

10.38 Cuando das,
pensando que algo perdiste,
eso no tiene ningún valor.
Cuando das,
pensando que ganas,
eso sí, se te reconoce
en el reino de Dios
y te lo multiplica.

10.39 Si comparamos a Moisés
y a Débora contigo,
veremos que todos
valen lo mismo para Dios.
Ellos están en el cielo
y tú, en la tierra.
Ahora es tu tiempo para Dios.

10.40 Tú no eres un grano de arena
que el viento mueve a donde quiere.
Tu eres, una roca de granito
afirmada por Cristo
sobre su fe inquebrantable.

10.41 El reino de los cielos,
es más grande y poderoso
que el sistema de las tinieblas.
Confía plenamente en Cristo
porque tu vida y tus necesidades,
El las cuidara.

10.42 Existen flores
que se enrollan al anochecer
y se abren al amanecer.
Las angustias te hacen enrollar.
pero con Cristo
tendrás nueva vida
y un nuevo despertar.

10.43 Ahora que has hecho
tu petición a Dios,
-déjalo obrar-
y veras, como van cambiando
las condiciones y circunstancias,
de forma milagrosa.

10.44 Por más que la tierra está seca,
las raíces del árbol
buscan la humedad.
Aunque te sientas seco,
por todo lo que tienes que resolver,
Cristo te nutrirá.

10.45 Si hay alguien
que se siente fuerte delante de ti,
no te intimides,
déjalo, porque contigo esta
el más fuerte de todos,
Cristo, el más bello
protector y sanador.

10.46 En el mundo,
las ganancias son ganancias
y las pérdidas son pérdidas,
pero con Cristo,
hasta las pérdidas
se convierten en ganancias.
No te abatas.

10.47 En el mundo
todo se va desvaneciendo,
pero con el poder de Dios
recibirás maravillas,
que te irán fortaleciendo.

10.48 El tiempo avanza
al ritmo asignado por Dios,
pero aun, más hermoso es
que las bendiciones para ti,
avanzan a un ritmo seguro
y llegan a tu vida,
a su tiempo correcto.

10.49 Dios también sonríe,
y como Él tiene mucho para darte,
sonreirá al verte feliz.
Deja la tristeza y debilidad a un lado
mira hacia Dios,
y sonreirás junto con El.

10.50 Si las aves cantan
y nos muestran su color,
también tu puedes ser fuerte,
sano, prospero
y servir al Dios de amor.

10.51 Este día, tiene
las características especiales
de ser un día hermoso,
radiante y positivo,
pero sobretodo,
porque Dios,
a ti te ha incluido.
El es tu amigo.

10.52 Dios hizo un alto
en sus actividades
para atender las tuyas,
Él está analizando
cada una de ellas,
para darte
la solución óptima.

10.53 Cuando los días son bellos
pero no los puedes disfrutar,
por las nubes de problemas,
dedica unos minutos
para contemplarlos,
y Dios mismo te dará su paz.

10.54 Los peores demonios
están en la mejor gente,
no te confíes de ellos.

10.55 Recuerda siempre
que cuando algo
que se te presenta
es la voluntad de Dios,
esto se dará sin forzarlo
y tú, sentirás completa paz.

10.56 Haz lo mejor que puedas
aunque tu posición en el mundo
sea baja.
Dios hará cambios
que te dejaran arriba,
superando mas del tiempo perdido.

10.57 Cuando Dios
Lo estime conveniente,
hará que las grandes oportunidades
vengan a tu encuentro.

10.58 La confianza en Dios,
hace que lo que en un tiempo
fue una gran batalla en tu vida,
deje de serlo.

10.59 Dios se mostrara en tu vida
y te sorprenderá,
cuando veas suceder cosas,
que jamás hubieses obtenido
por ti mismo.

10.60 El clamor a Dios
acompañado de fe,
hace que El rompa
todas aquellas cosas malas,
que impedían tu desarrollo.

10.61 Siempre que Dios
opera cambios en nuestras vidas,
todos los obstáculos
se convierten en ayudas.

10.62 Dios ha decidido un punto
hasta donde tu llegaras,
y nada ni nadie,
lo podrá impedir.

10.63 Cada vez
que Dios te libera de algo,
te hace avanzar en la vida
y nuevas cosas sucederán,
grandes y maravillosas.

10.64 Dios es tan maravilloso,
que un día te dará algo
para lo cual
no cumplías los requisitos,
mucho menos las posibilidades.

10.65 Cada vez,
que haces un bien para alguien,
Dios vendrá a ti,
y te hará bienes
mucho mayores.

10.66 Cuando te veas
rodeado de oscuridad,
Dios vendrá a ti,
con su luz divina.

10.67   Si tú tienes
un gran sueño en tu vida,
se debe a que Dios
puso todas las cosas necesarias
para que se cumplan.
Solamente espera,
porque con toda seguridad,
sucederá.

10.68   Si en todo tu tiempo de vida,
no ha sucedido nada
fuera de lo común,
es porque tus raíces
se están desarrollando,
y pronto veras tu crecimiento
de forma sorprendente.

10.69   Siempre haz lo correcto
aunque todo sea difícil.
Dios premiara tu fidelidad.

10.70   Aunque todo a tu alrededor
indique, que nada va a cambiar
y que seguirás sufriendo,
Dios vendrá a ti
y te dará las bendiciones,
más grandes.

10.71   Refresca tu alma
y deja que la paz de Dios,
encuentre un lugar en tu ser.
Refresca tu alma
y el poder de Dios,
dejará en tu vida
todo lo que necesitas.

10.72 Todos los limitantes
y cosas diversas
que han frenado tu avance,
y bloqueado tu vida
serán quitados por Dios,
y serás puesto en un lugar
más elevado,
de lo que nunca imaginaste.

10.73 Aunque pienses
que el lugar en donde estas,
será para siempre,
un día Dios te moverá
y te elevara a un punto,
mucho más próspero.

10.74 Gozo en el corazón
y caricias para el alma
llegaran a tu vida,
cuando aquellos
a los que un día ayudaste,
sean los que te ayuden
de forma multiplicada.

10.75 Por mas pequeña
que sea la persona
a quien diste tu mano,
un día volverá a ti
con cosas grandes.

10.76 Se fuerte para el amor
Y solido en tus decisiones,
nunca flojo ante las batallas
y firme en tus convicciones.

10.77 Capta los milagros de Dios
en tu vida,
y pronto te veras rodeado de ellos.

10.78   La noche y la madrugada
        se parecen,
        pero pronto viene
        el tierno amanecer.
        Luego, el sol brillara
        con más intensidad
        haciendo más bello
        el azul del mar.
        Dios en todo tiempo
        está contigo
        y quiere cada día,
        hacia ti,
        su gran amor mostrar.

10.79   Se estremece tu alma
        al recorrer tus días
        sobre la tierra,
        pero Dios te calma
        y te muestra,
        que muchas cosas buenas
        también has hecho.

10.80   Ser sabio
        viene con los años,
        con las experiencias,
        con los triunfos,
        con los fracasos y derrotas,
        con las fidelidades y traiciones.
        Ser sabio,
        es una gran riqueza
        que se debe compartir.

10.81   Ser sabio
        es aprender
        de los que saben.

10.82 Ser sabio
es saberse ignorante,
frente a quienes
están dispuestos,
a enseñarte.

10.83 Ser sabio
es soportar los deseos
de hablar,
cuando debes callar.

10.84 Todo tiene su tiempo,
tiempo para ser pobre
y tiempo para ser rico,
pero entre la pobreza
y la riqueza hay
espacio el cual usa
Dios, para moldearte.
Deja que Dios trabaje en ti.

10.85 Hay momentos
en los que buscas la calma,
y te atormentan situaciones
que hay que resolver
a corto plazo.
Continua en calma,
como una canoa
en un río manso,
y veras que lo difícil
se volverá fácil.

10.86   Es muy desesperante,
cuando tus reservas
son superadas
por situaciones imprevistas,
y no hay forma
de lograr el equilibrio.
Dios te mira
y conoce tu angustia,
sabe que no puedes,
sabe que has agotado tus recursos,
sabe que estás en un laberinto,
pero también sabe cómo ayudarte.
Clama a Dios y te responderá
con su gran amor.

10.87   Es muy triste
cuando vas camino al trabajo
sabiendo que volverás cansado,
y que el salario es muy poco
ante las deudas.
Dios sabe cómo darte una gran ayuda,
porque eres su hijo y te comprende.

10.88   Aunque tu entorno este quieto
y tu futuro de marcha atrás,
aunque en lugar de sumar
solamente encuentres restas,
Dios te pondrá en marcha
hacia adelante
y en lugar de restar,
comenzarás a sumar.

10.89   Ante aquellas cosas
que no puedes ignorar,
y con su porción
de abatimiento
te han de visitar,
con fe firme debes estar
y aunque en el mismo instante
no tengas como responder,
Dios te honrará
y todo lo podrás pagar.

10.90   Están aquellos
que aún no saben
lo que es la angustia
de vivir por fe,
porque la fe te hace crecer
pero también te hace llorar,
te hace fuerte
pero te hace padecer.
Llegará el día
en el que estarás solvente
con una fe de acero,
manso y valiente.

10.91   Como ser humano
estas limitado,
y hay muchas cosas
que se te exigen en la vida
y no puedes satisfacerlas,
por más que luches,
es como la marea que va y viene.
Tus medios son escasos
y perecederos.
Dios creo al sol,
y este sí puede con las exigencias
de enviar su luz sin agotarse.
Dios te creo a ti
y está dispuesto a convertirte
en una especie de sol,
que brille, y que además
posea una fuente inagotable de recursos
para cubrir todas sus necesidades
y ayudar a los demás.

10.92   Con el paso del tiempo
te sientes mas débil,
lento y enfermizo,
pero Dios puede darte
un buen período de recuperación,
restauración y bienestar.
Dios es justo y sabe de tus dolores,
Él sabe cómo alegrar tu corazón,
sabe como sanar tus heridas,
te devolverá el tiempo perdido,
y todas las injusticias serán convertidas
en grandes coronas para tu ser.

10.93 Existe un lenguaje universal
que es el idioma del cielo,
es aquel que incluye las lágrimas,
los gemidos de un corazón abatido,
las fiebres del alma angustiada
y la fe de tu espíritu.
Ese lenguaje toca el corazón de Dios,
es la mejor oración,
y siempre tendrá una respuesta
que te hará sorprender,
llenando de favor tu vida
y generando el canto de tu alma.

10.94 No saques nunca de tu corazón
los más bellos sueños,
que un día eran el motivo
de tu alegría,
no los saques, aunque no haya luz
en tu ventana,
no los elimines de tu ser,
aunque se opaque tu mañana.
Dios preparó todo lo necesario
para cumplirlos,
y está buscando el mejor momento
para dártelos.
Tu anhelo será completo.

10.95 El mejor momento para descansar
es cuando más agotado te encuentras,
el mejor bocado de comida
es cuando más hambriento estas,
el mejor trago de agua
es cuando más sediento vas,
el mejor aporte de dinero
es cuando más necesitado estas.
El mejor regalo del cielo
es Jesucristo, el hijo de Dios,
Él te dará descanso, alimento,
agua y finanzas.

10.96   No olvides jamás
que formas parte
de la formula de Dios.
No olvides jamás
que siempre estas
en los pensamientos
de aquel que te creó,
y que El es responsable
de tu vida.
Dios sabe cómo ayudarte en todo.

10.97   Ante la saturación del mundo
y sus efectos materialistas,
y ante las fantasías
que producen emociones
que alejan al ser humano
de la vida espiritual,
elimina todo aquello
que sea un obstáculo
para acercarte a Dios,
tú tienes el poder
para ser diferente
y para agradar a tu Señor.

10.98   Es hermoso saber
que Dios
siempre tiene tiempo para ti,
y le satisface escucharte.
Dios es un padre amoroso,
le encanta que le visites,
que le cuentes tus cosas
y también se siente bien
cuando le pides,
porque El quiere ayudarte,
y también puede ayudarte.

10.99 No pierdas el tiempo
repasando el ayer,
ni acercando a tu memoria
los rostros de aquellos
que un día te hicieron daño.
Esfuérzate por acercar a tus días
tus mejores anhelos
y mencionar a Dios,
todas aquellas cosas
que necesitas reparar en tu ser.
No te angusties
por todo aquello que hayas perdido,
porque Dios tiene el poder
de hacer nuevas todas las cosas,
darte nuevos huesos
y días de plenitud.

10.100 Dios nos habla al corazón
por medio de su Palabra,
por medio de la naturaleza,
por medio de la conciencia
y por medio de su Santo Espíritu.
Dios nos habla con su amor,
nos habla con sus milagros
y por medio de la sabiduría
que comparte con sus hijos.